红旗漫卷西北高原

缅怀习仲勋在西北

何载 著

中共党史出版社
北京

图书在版编目(CIP)数据

红旗漫卷西北高原：缅怀习仲勋在西北/何载著．—北京：中共党史出版社，2013.7(2013.9 修订)

ISBN 978-7-5098-2216-6

Ⅰ.①红… Ⅱ.①何… Ⅲ.①习仲勋(1913～2002)—传记 Ⅳ.①K827=7

中国版本图书馆 CIP 数据核字(2013)第 146203 号

责任编辑：黄　艳

出版发行：中共党史出版社

社　　址：北京市海淀区芙蓉里南街 6 号院 1 号楼

邮　　编：100080

网　　址：www.dscbs.com

经　　销：新华书店

印　　刷：北京中科印刷有限公司

开　　本：148mm×210mm　1/32

字　　数：91 千字

印　　张：6

印　　数：14301—17300 册

版　　次：2013 年 7 月第 1 版　　2013 年 9 月修订

印　　次：2013 年 10 月第 3 次印刷

ISBN 978-7-5098-2216-6

定　　价：16.00 元

此书如有印制质量问题，请与中共党史出版社出版业务部联系

电话：010—82517197

目　录

引 言

习仲勋是无产阶级革命家，我党、我军卓越的政治工作领导人，陕甘边区革命根据地的主要创建者和领导者之一。

青年时代，他激情满怀，立志要救民于水火。大革命失败后，在白色恐怖笼罩西北的岁月，他毅然参加了共青团和共产党，组织了一营人马的兵变，紧接着北上陕北，跟刘志丹、谢子长在西北高原上举起了红旗。21岁时，在陕甘边创立苏维埃政府，并任主席。坚持走井冈山的道路，使陕甘革命根据地日益强大，获得了全国根据地“硕果仅存”的称道，成为中央红军落脚点和八路军奔赴抗日前线的出发地。

初创苏维埃政权时，在极端困难的条件下，他首先提出，要做好群众工作，处处时时“心里揣着人民”，必须牢牢地扎根在群众之中。他的名言是“必须把屁股端端地坐在老百姓这一方面。”“当人民忠诚的勤务员”。

从苏维埃主席到地委书记，到中央局书记，为广大干部最敬佩的是，他始终坚持实事求是的精神，曾多次说：“实事求是就是党性。”他办一切事都从实际出发，旗帜鲜明地反对“左”倾路线和右的错误，把中央方针、任务与当时当地的实际有机结合，把群众迫切需要的当前利益与革命长远利益结合，创造性地解决了陕甘边根据地政权创建和发展，创造性地解决陕甘宁边区的土地改革和民主建设，创造性地解决十分复杂、艰巨的西北民族问题，受到毛主席和中央多次称赞。

作为西北野战军的政委，他全力协同彭德怀司令员以2.6万的兵力抗击蒋介石24万国民党军队，成功地牵制了敌人，支持了华中、华东野战军的战略反攻。在地广人少、灾害交加的陕甘宁边区，他组织了五千多人的游击队、几万人的民兵，卓有成效地配合野战军逐步消灭“西北王”胡宗南及“马家军”几十万人，解放了大西北。

当人们对西北实际情况认识尚不清楚的时候，他敏锐地提出：“民族问题就是西北地区的实际，西北的所有工作，如果脱离了民族问题，就是脱离了实际。”使西北地区党和军队统一了认识，保持了清醒头脑，及时制定了民族工作政策，巩固和扩大了统一战线，团结了一切可以团结的力量，卓有成效地维护社会稳定，巩固了人民政权，特别是在少数民族地区比较稳妥地顺利地完成民主改革、土地改革，为西北经济发展奠定了坚实基础。

几十年过去了，每当遇到困难和艰难时，我都不禁想起了习仲勋在西北领导我们艰苦奋斗的岁月，勇气和信心油然而增；每当遇到无法处理的问题时，就会想起习仲勋深入群众，调查研究，团结党内外人士的高尚风范，努力寻找到了“问政于民、问计于民”的途径和方法。

革命是前无古人的伟业，在漫长的革命长河中，特别是在早期革命的巨风大浪中，遭受诋毁、排斥、打击，甚至被误杀，不是完全可以避免的。习仲勋的一生，是革命的一生，是光辉的一生，又是坎坷的一生。他为革命两次坐牢（一次敌人加罪的，一次“左”倾错误迫害的），先后两次被扣上“右倾机会主义”、“投降主义”、“右派反革命”的帽子，两次遭到无端的排斥和打击。多次受到不公正对待，其中仅仅因为别人写的一部小说，就被下放、监禁16年。但他意志坚定，胸襟广阔，从未被压服，即使在黑云压城的岁月，他也是：

（一）冷静对待，既不向错误低头，也不垂头丧气，更未动摇自己的意志；

（二）读书学习，坚持锻炼身体；

（三）一旦恢复工作，精神抖擞，朝气蓬勃，又站在新的起点上奋进。

我认识习仲勋是在抗战初期。之后，我参加了西北局、边区政府组织的征粮、扩兵、选举、土改、游击队等工作团队，由于多次充作领队，有很多请教他的机会。在保卫延安战役中，我是在延安撤出后见到他的，西北局成立了前委，我作为随军人员跟他转战陕甘宁边区，直到穿越了沙漠地带。攻克榆林前夕，又跟他回到西北局临时驻地绥德县义和区薛家渠，参加土改，开辟新区，建立政权，恢复党的组织，剿匪反霸，马不停蹄，不分昼夜，一直到西安、兰州解放。

党的十一届三中全会后，我在中央组织部工作，多次和中央纪律检查委员会的同志被抽调去陕、青、宁、冀、鲁、湘等省区做调查，办理一些事情，几乎每次都向他请示和汇报，获得他的教诲。

一些老领导知道这些情节，建议我写一本关于习仲勋的书。我深知习仲勋形象高大，内涵丰富，以自己的政治文化水平难以胜任，未敢承诺。后来，有同志建议只写他在西北，写他在这期间最有创新和富有教育意义的事情，于是鼓起勇气，拾起秃笔，以缅怀和学习的心情写了十个问题。错误之处，在所难免，竭诚希望获得批评指正。

第一章

跟刘志丹、谢子长率先举起红旗

习仲勋，1913年10月15日出生于陕西富平县一个农民家庭。那时刚发生辛亥革命不久，革命果实被外国列强操纵的反动军阀窃取后，中国在半殖民地半封建社会的泥潭里愈陷愈深。习仲勋幼年就是在这动荡不定、风雨飘摇的社会中度过的。

苦难深重的人民
盼星星盼月亮，盼求得解放

西北高原东临黄河，西接昆仑，北连蒙古大沙漠，南近关中大平原，地域辽阔，纵横千里，一望无际；境内山峦绵

延，川河相依，资源丰富，民风淳朴，人民勤劳。

但是在20世纪二三十年代，西北地区军阀林立，连年混战，土匪横行，民不聊生。一遇天旱，赤地千里，饿殍遍野，十室九空，流离失所，满目疮痍。当年在陕西就流传这样的民谣，字字句句描述着劳苦大众的生存惨状：

吃的草籽野沙米，
穿的破烂老羊皮，
白天穿、黑夜盖，
天阴下雨毛朝外。
湿了有心晒一晒，
身上无衣不等待。

大革命失败后，白色恐怖笼罩西北，国民党政府横征暴敛，涂炭人民。处于社会底层的农民忍无可忍，奋起抗税、抗捐、抗粮，屡遭反动当局的迫害和惨杀。穷苦农民的日子凄惨无比，又有民谣这样描述他们生存无望、走投无路的凄惶：

农民身上三把刀：

租子重、利钱高、苛捐杂税受不了。

眼前只有三条路：

逃荒、寻死、坐监牢。[①]

1929年（民国十八年），陕西发生大旱灾，更是惨不忍睹。1930年底，据当时国民党的陕西民政厅厅长邓长耀的统计，民国十八年的饥馑，全省有200多万人活活饿死，200多万人流离失所，逃亡他乡，800多万人以树皮、草根、“观音土”苟延生命，奄奄一息。旱灾发生的同时，又有风、雹、虫、瘟、兵匪之灾一起袭来，使全省92个县凄凉无比，尸骨遍地，甚而人人相食，惨绝人寰。

泾阳县夏村岳文夫妇，因为饥饿难忍，先把自己不满3岁的小孩活活勒死，然后夫妻双双服毒自杀。

白水县马家堡陈老六，因为饥饿难熬，有意在食物中放了毒药，把全家6口人全部毒死。

三原县大程镇的灾民，把屋顶上霉烂的梁椽剐下来的木屑，掺入棉花叶、麸皮中，做成饼子充饥，致使很多人死亡。

扶风县一个月内被土匪伤害致死的百姓就有108人，灾

---

① 戴茂林、赵晓光：《高岗传》，陕西人民出版社2011年版，第5页。

荒加恐怖，到处都是“泥门闭户”流亡他乡的人。

武功县瘟疫流行，全县10个镇竟成了病灾之国，死尸一个压一个，腥臭熏天，人骼兽骨互相叠压无人掩埋。

……

甘肃人民遭受的兵匪惨状，使国民党的官僚也不敢再隐瞒不报。

1929年5月，国民党内政部长薛笃弼在视察甘肃灾情后，不得不致行政院电称：“平凉迭遭兵匪，庐舍荡然，釜罄如洗。草根树皮，掘食殆尽。死亡之余，或卧疾不起，或赤身无衣。此种奇灾，历所未有。”①

就在这个时候，大革命时期的中国共产党党员刘志丹、谢子长，于1929年、1932年先后奉命回到陕西，顺乎民心，担当民望，开展起革命活动。遵照中央和省委的指示，深入兵营，开展兵运工作，组织暴动，拉起队伍，风起云涌，“以革命的武装反对反革命的武装”，在三秦大地点燃起星火燎原的态势。

时势造英雄，英雄出少年

1926年春，13岁的习仲勋考入富平县立诚中学。立诚中

① 《习仲勋在陕甘宁边区》，中国文史出版社2009年版，第26页。

学是参加辛亥革命的爱国名将胡景翼创办的。学校的校歌充满着革命激情和爱国情怀：

陶冶智力，
发扬国光。
雪去百年仇耻，
收复旧有疆场。
莫作白面书生，
束在高阁上。[①]

这个学校宣传民主主义思想和马克思主义原理，成为渭北地区传播马克思主义的中心地点之一。

在学校的附近，先发生震动渭北平原的“蒲城学潮”，后为纪念巴黎公社，爆发了一场长达四个月的“第三师范学潮”。往前，有反清名将胡景翼活捉陕西督军陆建章之子陆承武，著名的爱国志士张义安在三原举兵起义。在附近县，有国民党元老和著名革命人物于右任、井勿慕、胡景翼、张义安、杨虎城等人的英勇奋斗事迹，所有这些，在少年习仲

① 《怀念习仲勋》，中共党史出版社、中国文史出版社2005年版，第496页。

勋的心中留下深刻的烙印，给他以重要的人生启迪，他憎恨黑暗，形成了不畏强暴、救民于水火的理想。

1926年5月，习仲勋参加了共产主义青年团。

1928年1月下旬，习仲勋考入三原第三师范。

满腔热血、爱打抱不平的习仲勋入校不久，即投入到与反动训育主任魏海的斗争中。校方与当局狼狈为奸，将为正义而抗争的习仲勋和其他学生抓起来，押进看守所。在中共三原县委学生运动负责人武延俊的指挥下，年仅15岁的习仲勋坚定沉着，机智勇敢，在狱中组织了绝食斗争，并向同伴宣传革命道理，要大家坚持到底。他还要求大家团结一致，提出“保持气节，决不出卖同志”的口号。狱友动情地回忆说：他“虽年纪小，但很有主见，有魄力，说话有震慑力”。

少年习仲勋在狱中的表现得到大家赞誉，也得到县委负责人武延俊认可。武延俊在狱中找习仲勋单独谈话，郑重宣布他为中国共产党正式党员。在敌人的监狱入党，这在中共党史上是极为罕见的事，充分反映了习仲勋具有坚定的革命意志和坚强的党性。

在三原看守所羁押两个月后，习仲勋等人又被转押到西安军事裁判处，终因反“党国”的证据不足，被取保释放。

习仲勋富于智慧、坚定沉着、勇于斗争的事迹被广泛传

1928年3月，习仲勋在陕西省立第三师范学校读书时，因参加爱国学生运动，遭国民党当局关押。1928年4月，在狱中转为中国共产党党员。图为陕西省立第三师范学校教室外景。

1930年初，党组织派习仲勋到国民党西北军秘密从事兵运工作。图为两当兵变前的习仲勋。

1932年4月，习仲勋等在甘肃省两当县发动两当兵变。图为两当兵变旧址。

播，当地人称誉他为“都村三杰”之一（另两位是宋文梅、程建文）。

就这样，习仲勋先入团参加学运，后在狱中入党，投身革命，从此，进入了喜悦与苦难同在、光明与阴霾交织的革命长河之中。

1930年春，即刘志丹奉命回陕举起土地革命红旗的第二年，习仲勋受中共陕西省委委派，到长武县原杨虎城部的警备骑兵第3旅3团2营从事兵运工作。警备骑兵第3旅是杨虎城收编的杂牌部队，该旅3团2营是反对冯玉祥的旧部，营长王修德是共青团员，对共产党很同情。习仲勋利用王修德的关系，下到连队，与先行渗入该营的两名共产党员成立了党小组，以2连为中心开展全营兵运工作，发展组织，争取团结士兵，积累力量，等待时机。经过半年时间，在该营发展党员30多人，在各连建立了党支部，在营建立了党的委员会，习仲勋被选为营委书记。又经过一年半的精心策划和安排，习仲勋认为“兵变”条件成熟，经省委同意，于1932年4月在甘肃省两当县成功发动了一营人的兵变，这就是威震关陇的“两当兵变”。

兵变后的队伍改编为中国工农红军陕甘游击队第5支队，支队长先是吴进才，不久之后，许天洁接任习仲勋任队委书记。兵变部队向北且战且走，最后决定向陕西长武的亭口方向移动，与陕甘游击队会合。此时，刘志丹亦奉省委指示，带队到礼泉、乾县一带准备接应，但正当双方靠拢途中，遭到当地土匪头子王结子的包围。由于旗帜不明确，缺乏整顿，失去依靠，孤军陷围的部队与土匪一接触，动摇分子即带头溃散逃跑，兵变没有变出革命的成果，以失败告终。

经过两年精心策划的兵变失败了，年仅19岁的习仲勋虽然心理上受到打击，他后来总结了失败的主要教训，即没有与农民运动相结合，没有创建革命根据地进行游击战。他还曾假设：如果当时在凤翔山里进行游击战，情形就不同了。

经过艰难险阻辗转跋涉，1932年秋，习仲勋终于在耀县杨柳坪找到了时任陕甘游击队副总指挥的刘志丹。

刘志丹生于1903年，陕西保安（今志丹县）人。1921年考入陕北榆林中学，曾组织领导学生运动。1924年冬加入中国社会主义青年团。1925年春转入中国共产党。同年冬，受党指派入黄埔军校第4期学习，毕业后参加北伐战争。1927年大革命失败后担任中共陕西省委秘密交通工作。1928年初，率一批干部到豫陕边界地区开展农民运动，培养赤卫队骨干。5月参与领导渭华起义，任西北工农革命军军事委员会主席。起义失败后，于1929年春返回陕北，任中共陕北特委军委书记，奉命打入陕西、甘肃一些军阀部队和民团，开展兵运工作，组织革命武装力量，曾先后任营长、团长、旅长等职。

1931年10月，在中共陕西省委指示下，刘志丹和谢子长等组建西北反帝同盟军，后改编为中国工农红军陕甘游击队，分别任副总指挥、总指挥。

在杨柳坪以北的金刚庙，刘志丹、习仲勋这两位日后并肩作战、手足相依、共创陕甘边革命大业的亲密战友第一次见面了。对这次具有历史纪念意义的会见，习仲勋在日后的自述文章《回忆陕甘边区革命根据地》中是这样记述的：

> 一见面，刘志丹就紧紧握着我的手。当时我因两当兵变失败，心情沉重，不知说什么好。刘志丹很理解我的心情，鼓励我干革命不能怕失败。他亲切地告诉我："几年来，陕甘地区先后举行过大大小小七十多次兵变，都失败了。最根本的原因就是军事运动没有同农民运动结合起来，没有建立起革命根据地。如果我们像毛泽东同志那样，以井冈山为依托，搞武装斗争，建立根据地，逐步发展扩大游击区，即

1932年秋，习仲勋在照金第一次见到刘志丹、谢子长。他们对习仲勋的革命生涯产生了深刻影响。左、中、右图分别为刘志丹、谢子长、习仲勋。

使严重局面到来，我们也有站脚的地方和回旋的余地。现在最根本的一条是要有根据地。”①

刘志丹比习仲勋大10岁，从此，习仲勋称刘志丹为“大哥”，刘志丹亲切地喊他仲勋。习仲勋与刘志丹情同手足，并肩战斗，刘志丹率游击队南下北上，攻城陷镇，习仲勋带特务队（后改为渭北游击队）打土豪，分粮食，发展党员，组织农会，开展游击战争。

习仲勋对刘志丹十分敬重，向他学习丰富的斗争经验；刘志丹知道习仲勋“务过农，种过地，善于联系群众”，经常委以重任。两人志同道合、患难与共，同创陕甘边革命根据地。

走井冈山道路，创建根据地

1933年3月，陕甘边游击队总指挥部成立，4月，习仲勋被任命为政委。

1933年4月5日，在陕西耀县（今铜川市耀州区）的照金建立了陕甘边革命委员会，习仲勋为副主席兼党团书记。主

---

① 《习仲勋革命生涯》，中共党史出版社、中国文史出版社2002年版，第3—4页。

席由雇农出身的周冬至担任。这是西北党和红军在山区建立根据地的首次尝试。

古老、贫瘠、荒漠的西北大地迎来了东方喷薄，曙光初照。一面带有镰刀、斧头的革命红旗从此飘扬在西北高原，给苦难深重的西北人民带来了期盼和希望。最令人激奋的是年轻的陕甘红军第一次有了后方，得以保护伤病员，培养干部，团结和联系广大民众，为红军提供物资保障，更重要的是以根据地为依托，巩固和开展了纵横驰骋的游击战争。

在这光明与黑暗苦斗的岁月，新生革命事物的出现，总会遭到敌对势力的打击和摧残。

1933年9月，照金被国民党军队占据，然而照金革命的烽火并没有熄灭，游击队发展到2700多人，并在此基础上成立了红1团、红2团和7个游击队。

1933年11月，刘志丹率部北上庆阳、合水，在当地游击队配合下，从次年2月至4月，指挥部队九战九捷，以劣势兵力取得了西华池等战斗的胜利，挫败了国民党军对陕甘边苏区的第一次“围剿”，建立了陕甘边工农民主政府，进一步巩固和发展了革命根据地。

1934年春，习仲勋任陕甘边革命委员会主席。

同年10月，通过正式选举成立了陕甘边苏维埃政府，刘志丹任军委主席，年仅21岁的习仲勋任政府主席。

同年11月3日，刘志丹、习仲勋决定在甘肃省华池县开辟以南梁为中心的革命根据地。

毛泽东最初对习仲勋的印象是在进入陕北的沿途中，看到墙上、树上贴的布告“陕甘边苏维埃”“主席：习仲勋”，认为他可能是饱经风霜、伟岸绰绰的人。但当1935年两人见面时，毛泽东出乎意料，高兴得不禁脱口赞叹说：“呵！这么年轻！这么年轻！”

到1934年底，陕甘边根据地已建立了7个县的革命委员会，3个县的苏维埃政府和3个游击区。

革命烽火熊熊燃烧，又一面红旗冉冉升起

此后不久，革命根据地形成并得到发展。

谢子长，1897年生，陕西安定（今子长）人。1922年考入太原学兵团学军事。1924年回安定县办民团，任团总。同年赴天津、北京，参加反帝斗争。1925年加入中国共产党。1926年初根据党的指示，回安定县继续办民团，曾创办青年军事干部训练班和农民运动讲习所，开展反帝反封建的宣传教育；组织和领导农民协会打击封建官僚，惩办土豪劣绅，被

群众誉为“谢青天”。

1927年10月，谢子长与唐澍等组织领导清涧起义，任西北革命军游击支队营长、副指挥。1928年5月参与领导渭华起义，任西北工农革命军军事委员会委员兼革命军第二大队大队长。起义失败后，赴外地进行革命斗争。

1933年11月奉命回陕。当时正值陕北困难时期，主力部队陕北游击队第1支队被敌人打散，谢子长回来后立即集合失散人员，取出埋藏的枪支，于1934年3月8日正式恢复了第1支队建制。接着加强了红2、3支队，组建了红4、5支队，开辟了绥（德）、米（脂）、佳（县）、吴（堡）游击队。

1934年7月8日，成立了中国工农红军陕北游击队总指挥部，谢子长任总指挥，郭洪涛任政委，贺晋年任参谋长。游击队下辖1、2、5共3个支队，300余人（后来发展为3个团）。7月18日，谢子长指挥游击队一举攻克了安定县城（今子长县），开创了陕北红军攻占县城的先例。

陕北游击队和红42师3团在谢子长指挥下，先后在安定、绥德、清涧、横山等地连战连捷，基本上粉碎了敌人“围剿”。但不幸的是，1934年8月26日，谢子长在清涧县河口战斗中胸部中弹，身负重伤。

1935年春，经中共中央北方局巡视员黄翰建议，中共陕甘边军委主席刘志丹率领红26军部分部队北上，到陕北根据地赤源县看望正在受伤治病的谢子长，同时就建立陕甘边和陕北两块苏区的党政军统一领导机构和行动进行了研究，形成了统一意见，达成了共识。

2月5日，刘志丹、谢子长在赤源县周家硷召开联席会，决定成立中共西北工委和西北军委，工委书记为惠子俊，军委主席为谢子长、刘志丹，统一领导陕甘边、陕北两块苏区的党政军组织。这标志着陕北革命红旗举得更高，更加灿烂和辉煌。这是关系陕北红军和根据地生存和发展极为重要的一次会议。

周家硷会议不久，谢子长因伤势恶化，于1935年2月21日不幸逝世，年仅39岁。

毛泽东曾两次为谢子长墓题词："民族英雄，虽死犹生"，"谢子长同志千古，前仆后继，打倒人民公敌"，并亲笔写了碑文。

此后，在刘志丹统一领导下，红军粉碎了国民党的第二次"围剿"，并占领了延长、延川、保安、靖边、安塞、安定六座县城，使陕甘边、陕北两个苏区连成一片，面积达3万平方公里，人口90万，建立了20多个县的苏维埃政权，红军主力扩大到5000人，游击队发展到4000人，成为西北高原上一支不可战胜的力量。

西北高原上的红旗飘扬，极大地推动和鼓舞了国民党统治区的群众运动。

据统计：陕西关中地区当年曾有18个县的农民起来闹分粮斗争，风起云涌、热火朝天，但由于没有共产党的坚强领导，没有武装力量支撑，都失败了，这是近代史上农民运动的悲剧之一。但学生运动却如火如荼地发展起来了。

1934年到1936年，是西安学生运动的高潮时期。学生中流传着陕北有了“三红”即红军、红党、红色政权的传闻。红军打抱不平，除霸安民；红党主张自由和平等；红色政权领导抗日救国。那里的群众不受地主老财的欺压，人人欢天喜地、兴高采烈。陕北“三红”支持学生的革命行动，是学生运动的坚实后盾。

西安学生运动，最先从西安师范和西安一中、二中等学校反对国民党校长施行独裁统治、欺压学生开始，发展到打了国民党考试院院长戴季陶，规模最大、影响最深的是双十二事变前的临潼（蒋介石住在那里）请愿运动，轰轰烈烈的学生运动虽被蒋介石拒之门外，但促使张学良接见请愿的学生，他们要求“停止内战”、“抗日救国”的强烈呼声，对张学良态度转变，实行兵谏，不能不无关系。

学生运动推动了民族救亡运动，1935年以抗日救亡为旗帜的中华民族先锋队（简称“民先”）在西安成立了，标志着学生运动进入新阶段。学生运动在共产党领导下，一方面唤起人们的抗日救国热忱，同时涌现和培养了一批优秀人才。仅据西安师范和西安一中、二中不完全统计，有以下一些人，先后投奔延安，自觉加入到革命队伍：董学源、安平生、李连璧、何承华、郑拓彬、符浩、刘邦显、曹冠群（女）、刘杰（女）、李屺阳（女）、陈昫、刘鸿志、杨拯民、杨春茂、刘日清、江平、杨克、罗文治、陈元方、肖江虹、邵武轩、王宏谋、李滔，这些人都相继入党，经过锤炼，在解放后都成为省部级领导干部。

栉风沐雨，不忘先烈

陕甘红军和苏维埃的发展和壮大，是无数革命者英勇奋斗、坚贞不屈、前仆后继、流血牺牲的结果。他们在中央及省委的指示下，先后发动了多次兵变和武装起义，取得了陕甘边、陕北的苏维埃政权。这些武装起义、暴动，著名的有渭华起义、清涧暴动、两当兵变、耀县起义、旬邑暴动、靖边兵变、西华池兵变、篙店兵变等70多次，为西北的革命武装斗争积累了丰富经验。

参加这些斗争的同志，除了上述提到的刘志丹、谢子长、习仲勋外，还有李子洲、王泰吉、黄子文、杨森、杨琪、汪锋、张秀山、王世泰、惠子俊、马明方、马文瑞、张邦英、张文舟、高朗亭、贺晋年、张仲良、阎红彦、王兆相、崔田夫、崔天民、张达志、刘景范、张策、吴岱峰、李铁轮、黄子祥等许多优秀的领导干部，他们为了红旗漫卷西北高原前仆后继，进行了艰苦卓绝的斗争，功不可没，永垂千秋。

他们和这里未提到的许许多多先烈，为了创建这块壮丽的根据地，抛头颅、洒热血，壮烈牺牲。如今，在石油滚滚的黄土高原上掩埋着无数忠骨，没有他们的成功和成仁，哪有今天的繁荣和昌盛！

西北高原红旗招展，鼓舞了人民，激励了士气，更加震撼了蒋介石的政权，他急忙调兵遣将对陕北红军进行了三次“围剿”（对有的地区“围剿”五次），但每次都被英勇的红军打败了。

陕甘党和红军经过长期斗争，连成一片，迅速壮大，建成强大的根据地，1935年迎接中央红军到达。从此，陕甘革命根据地不仅成为中央红军的落脚点和八路军奔赴抗日前线的出发地，而且成为“硕果仅存”的根据地。

第二章

硕果仅存的陕甘革命根据地

举世闻名的中央红军粉碎了蒋介石的四次“围剿”，经过广昌恶战，湘江失利，巧取遵义，四渡赤水，翻越皑皑雪山，穿越人迹罕至的沼泽草地，攻克天险腊子口，终于摆脱蒋介石数十万大军的围追堵截，开创了人类战争史上突破重围的奇迹。但到哪里落脚，到哪里去发展和开辟新天地的问题，尖锐地摆在中央红军首脑面前。

时任中央机关第二纵队（即红章纵队）司令员兼政治委员的李维汉有一段描述：

俄界会议后，红一方面军继续北上。一九三五

> 年九月中旬突破天险腊子口，接着就过岷江，……向甘肃哈达铺前进。在到哈达铺前，在河边的一个圩场上，我看见毛泽东、周恩来、彭德怀、刘少奇等同志在一起休息。毛泽东向我打招呼：罗迈，你也来休息一下！我就下马休息，看到他们正在翻阅一张国民党的地方报纸，上面登了蒋介石派大军“围剿”陕北“共匪”刘志丹的消息。我们才具体得知有这样大的红军在陕北苏区积极活动。党中央随即决定到陕北苏区与陕北红军会师。这时才正式宣布成立陕甘支队，司令员彭德怀，政委毛泽东。①

党的扩大的六届七中全会通过的《关于若干历史问题的决议》中说，从六届四中全会到1935年1月，党的领导机构在王明“左”倾路线操纵下，红军和革命根据地损失了百分之九十，白区党的组织几乎丧失了百分之百。遵义会议确立了毛泽东在全党全军的领导地位，但长征途中遇到张国焘分裂中央，使红军又遭到了损失，因此陕甘根据地成为“硕果仅存”的根据地。陕北人民以极大热忱欢迎

---

① 李维汉：《回忆与研究》上册，中共党史资料出版社1986年版，第367—368页。

照金薛家寨三号寨子——红军修械所。

陕甘边区苏维埃政府在习仲勋等的领导下，提出和实行有关土地、财经、粮食、军事等十大政策。图为南梁寨子湾陕甘边区苏维埃政府旧址。

中央红军的到来，陕甘根据地就成为红军长征理想的落脚点。

陕北红军和陕甘边根据地的革命斗争，是全国革命的一个组成部分。大革命失败后，党的八七会议确定了实行土地革命和武装起义的方针，拿起枪杆子回击蒋介石的反革命“屠刀”。

正如毛泽东所说：“他们从地下爬起来，揩干净身上的血迹，掩埋好同伴的尸首，他们又继续战斗了。”[1]

战争教育了人民，人民也汲取了教训。陕北党组织坚持不懈的斗争，为创建陕甘根据地，经过无数次的浴血奋战，残酷斗争，先后发动70多次兵变、暴动，在血的教训中，认识到中国革命必须坚持走井冈山道路。

创建巩固的根据地

刘志丹、习仲勋等人深刻地总结了几年来武装斗争的经验教训，决定把武装割据和农民运动结合，先在耀县的西北创立以照金为中心的陕甘边根据地。

照金位于渭北高原的山区地带，地处耀县、三原、淳

---

① 《毛泽东选集》第3卷，人民出版社1991年版，第1036页。

化、旬邑、宜君、同官（今铜川市）六县交界，属于“三不管”的地带，境内沟壑纵横，山峦叠嶂，地势险峻，进可夺取渭北，威胁西安，退可据险固守，是建立根据地的理想之地。1932年2月，刘志丹率陕甘游击队抵达照金，消灭了当地民团，并帮助当地党组织建立起游击队，打开了局面。

由于有了根据地，1933年3月8日，中共陕甘边特委在照金成立，习仲勋任军委书记，同时成立了陕甘边游击队总指挥部，随后又建立了十多支游击队。

1933年4月5日，陕甘边特委在照金召开了陕甘边工农代表大会，成立了陕甘边革命委员会，选举周冬至为主席，习仲勋为副主席兼党团书记。

至此，东起铜川香山寺，西至淳化县塬畔，南抵耀县高山槐，北至旬邑县马栏，东西50余里，南北80余里，形成以照金为中心的陕甘边革命根据地。

陕甘边根据地的建立，引起了蒋介石的恐慌和恼怒。当年4月下旬，国民党军队以4个正规团、6个民团的兵力，兵分四路进犯陕甘边根据地。陕甘边特委为了消灭敌人有生力量，决定由红2团到外线打击敌人后方，游击队坚持当地斗争，暂时放弃了照金。但是，经过20多天的激战，部队在原有基础上扩充到5000多人，游击队获得了锻炼，迫使敌人退出了陕甘边根据地，首次显示了根据地的威力。

红日照高原，革命红旗迎风展。刘志丹、习仲勋根据形势变化很快决定在南梁建立根据地。

甘肃省华池县的南梁，位于陕甘两省交界处，地处桥山山脉中段，大梁山的南麓。东距延安，西翼庆阳，北邻保安（今志丹县），南与以照金为中心的陕甘边革命根据地相邻。特别是能驰骋平定川、豹子川、林镇川、王皇庙川、白马川、二将川、大风川等，纵横百余公里。而且这里重峦叠嶂，梢林密布，沟壑纵横，易守难攻，也是开展游击战建立根据地的绝佳山寨。

1933年11月3日，陕甘边红军和特委决定以南梁为中心，正式建立工农民主政府，习仲勋任政府主席，同时以“狡兔三窟”的谋略，建立三处游击区：

第一路陕北，以安定（今子长县）为中心的游击区；

第二路陇东，以南梁为中心的游击区；

第三路关中，以照金为中心的游击区。

在这个战略布局下，红26军东西征战，游击队南北策应，把陇东、关中、陕北逐步连接起来，形成了一个完整的革命根据地。

总结陕甘边创建根据地的经验，主要有三：（一）选在两省及几个县的“三不管”地带；（二）地形险要，易守难攻；（三）离大中城市较远，有广泛的群众基础，便于开展游击战。

西北野战军司令员彭德怀对陕甘宁根据地说过一句至理名言：“陕甘宁边区从过去到现在，都是敌人统治的空隙，几个军阀互有矛盾，所以刘志丹同志率领的工农红军才能在这里存在。”①

政策很得人心

陕甘边区革命根据地在建设中不断探索，逐步形成和完善了一套切合实际的方针政策，例如：

土地政策：没收地主、富农出租部分的土地。地主参加劳动，可以分得土地。

财政政策：（一）鼓励农民生产，增加粮食；（二）成立牧场，养猪、养羊，大力发展畜牧业；（三）不强行征购农民粮食，靠购买农民余粮供养部队；（四）成立集市贸易，保护商人合法交易，允许做生意。

① 《习仲勋文选》，中央文献出版社1995年版，第339页。

对土匪政策：受反动当局操控的土匪，欺压残害百姓的“惯匪”，坚决消灭；因生活所迫，与反动当局“结成死对头”的土匪，采取争取和改造的办法；对“哥老会”、“扇子会”、“红枪会”等封建色彩浓厚的组织，采取分化瓦解的政策。

毛泽东说：“政策和策略是党的生命”。陕甘边对地主、富农和工商业的政策，与那种“地主不分田，富农分坏田”、“扫地出门”，以及“没收一切工商业”的做法，形成了鲜明的对比。不言而喻，陕甘边的农村政策对巩固和发展根据地起了重要作用。时间虽已过去很久，用今天的眼光审视陕甘边的方针政策，仍是符合党的实事求是的思想路线的。

上世纪二三十年代，中国大地政权频繁更迭，军阀混战不断，陕北地区也不例外，大小军阀常年厮杀，土匪猖獗横行乡里，一些旧军队也干起了土匪勾当，可谓“兵匪一家”，无恶不作，欺压良民百姓，尤其是在边区与白区交界的边缘地带，他们狼狈为奸、气焰嚣张。

对“兵匪一家”的队伍，群众用民谣形容：

“天天起来抽大烟，私扣军饷不要脸。旅部住在定西县，扣下军饷成千万，内官营队胡捣蛋”（官方闹饷）。

“兵匪一家”的背后是“狗咬狗”，宁夏的民谣：

“宁夏出发打固原，固原退回打宁安，石子俊要上罗山，上了罗山回头看，看见八旅没法管，起阴谋解决三团。”[①]

当年，陕甘边和陕北土匪盛行。刘志丹和习仲勋对恶贯满盈的“惯匪”，采取打击分化、削弱和逐步消灭政策；对有正义感和不伤及百姓的则采取争取和改造政策，逐步引导他们走上革命的道路。区别对待的结果，使分化出的多数人投身到革命队伍，少数罪行累累的坏人被孤立和消灭。

陕北的哥老会有其特点，他们中绝大多数人是穷苦人出身，有正义感，讲义气，明里暗里帮助红军。例如：谢子长、习仲勋、高岗、张秀山等负伤时，都得到过哥老会的帮助。高岗负伤后就躲避在哥老会龙头老大赵老五家中养伤。黄龙山有个山大王郭宝珊，经过刘志丹和习仲勋多次派人启发教育，觉悟后的郭宝珊最终参加红军，1935年加入了党组织，解放后成为青海省军区副司令员

“哥老会”的大爷马锡五，有正义感、倾向革命，在红军精神影响下，经过刘志丹、习仲勋多次耐心细致的工作，加入到革命队伍后，还走上了领导岗位，抗战时期任陇东分区专署副专员兼边区高等法院陇东分庭庭长，深入群众、深入基层、深入一线调查研究，审理办案，著名评剧《刘巧

---

① 张秀山：《我的八十五年——从西北到东北》，中共党史出版社2007年版，第16页。

儿告状》就是歌颂他的。解放后，曾任最高人民法院副院长，电视剧《苍天》是以“马锡五审判方式”为题材编写的。2010年冬天，最高人民法院发出通知，号召“学习马锡五审判方式”。

陕甘边工农政府在实践中还探索了肃反政策，对违法犯罪的人实行“感化政策”、“保释政策”。处决主犯和重犯，必须经群众大会讨论决定，公开执行。

对俘虏采取教育、争取、改造、使用的政策，红26军后期的排长、连长很多是从敌军俘虏人员中改造过来的。

陕甘边另一个成功的政策，是大胆起用知识分子。1943年10月成立的陕甘边工农民主政府，习仲勋为主席，秘书长就是外来的知识分子蔡子伟，以后是张文华。途经南梁的马文瑞先任红军军政干校的教官，后被派去开辟东部地区并任主要领导。当地知识分子杨亟生，因家庭出身是地主成分，想参加红军怕“人家不要”。刘志丹、习仲勋耐心细致地做思想工作，消除了杨亟生的疑虑，杨亟生最终参加了苏维埃的建设，解放后成为民政部的一位领导。

陕甘边苏维埃特别重视教育，吸收使用了一些知识分子教书育人，兴办了列宁小学，派张景文任校长；还办了《布尔什维克》报和《红色西北》周刊。这些最初的文化教育事业虽带简陋、贫乏的缺陷，但培养了大量干部，在根据地建设中发挥了积极作用，更为后来陕甘边区文教事业蓬勃发展作出了重要的贡献。

值得一提的是，在极其艰苦、紧张的环境中，工农民主政府还抓了社会管理工作。颁布法令，严禁毒品交易和使用，严禁设置赌博场所和从事赌博活动，废除对妇女“缠脚裹足”的封建陋习。同时设立专门机构和工作人员，保证这些法令的落实。

有了切合实际的政策，贵在落实。习仲勋对以南梁为中心的根据地的工作曾提出两项要求，一要制定一系列开明的政策，使群众看到希望和光明；二要组织实施，使明令公布的一系列政策得到落实。

跟习仲勋一起战斗在南梁的黄罗斌（后为甘肃省顾问委员会主任）回忆：

红二十六军消灭了照金民团后，转战北上，刘志丹同习仲勋谈：“要跟农民打成一片，就能做好根据地的开辟工作。队伍走了，你们会遇到很大困难，但只要政策对头，紧紧依靠群众，困难是可以克服的”。习仲勋按照刘志丹的意见，深入到一村一户作调查，宣传群众，组织群众，开展斗争，先后在荔园、秀房沟、高山槐一带组建了农民联合会和农民游击队。为了解决群众疾苦，开展了规模空前的分粮斗争。照金山山川川的分粮热潮，影响到耀县、正宁、富平、旬邑、淳化等县的部分群众，他们也参加了分粮斗争……习仲勋趁热打铁，又组织开展了分配土地的斗争热潮，农民分得了土地，极大地激发了革命的积极性。为了保卫斗争取得的果实，巩固发展革命根据地，群众自愿报名参军，壮大了地方武装力量。[①]

当年，陕西关中地区有十多个县也闹分粮斗争，但因没有武装力量支持，都失败了。时任红2团团长的王世泰（后任甘肃省人大常委会主任）深有感触地说："没有红军，就创建不了根据地"，而"没有根据地作稳固的后方，红军也难以生存下去"[②]。

坚持红旗不倒——陈家坡会议

当年陕甘边红军和苏维埃领导来自四面八方，有来自

① 《习仲勋革命生涯》，第85页。

② 《习仲勋革命生涯》，第57页。

西安的，有来自北平的，也有从上海来的，大多是参加过当地武装起义的。把这些人团结起来形成统一的意志，统一行动，坚持正确的道路，是件不容易的事。

陕甘边苏区从1930年到1935年，运用个别酝酿、协商、开会、讨论、表决这种体现民主集中制的方法，排除"左"、右倾干扰，开过近十次会，坚持走井冈山武装割据的道路。其中，1933年8月14日在耀县召开的陈家坡会议具有决定性意义。

虽然没有文字记录，但从习仲勋、秦舞山、张邦英、张秀山、王世泰等人回忆录看，陈家坡会议召开具有一定的历史背景。

一方面，是游击队、苏维埃迅速发展的形势需要。

当时，（一）王泰吉起义后和张邦英、陈学鼎、陈国栋、张仲良、封正宝等组织了耀县游击队；（二）由渭北游击队改编的红4团，相继来到照金；（三）照金的游击队也发展为1、3、5、7、9、11支队，加上淳化、旬邑12支队，这些游击队和根据地不断发展壮大，迫切需要成立新的红军指挥部，形成统一指挥，统一行动。

另一方面，耀县起义遭到重大损失，渭北苏区沦陷，中共陕西省委受到破坏。国民党陕西警备三旅孙友仁的部队和张彦宁的民团向陕甘边根据地发起联合进攻，游击队和苏维埃政府面临巨大危险。

特别是红26军主力第2团（当时就只有这一团）被“左”倾机会主义者杜衡强行拉去西安附近建立根据地，途中全军覆没，红军领袖刘志丹流落终南山，下落不明；游击队员中产生了厌战和怕战情绪，提出“掩埋枪支”、“卷起红旗”、“回家务农”的错误主张。

为什么刘志丹流落终南山？

简略地综合张秀山、王世泰、习仲勋、秦武山、黄罗斌、张邦英等人的回忆录和文章，大致情况是：

1933年12月24日，陕甘游击队改编为红26军2团后，先建立了渭北游击队总指挥部，后建立了十几支小游击队。4月下旬，粉碎了敌人4个正规团和6个民团的兵力的进攻，部队扩大到500多人，迫使进入照金地区的敌人撤出了根据地。人民和战士兴高采烈，欢欣鼓舞，革命形势很好，歌颂刘志丹的民歌就是在这时产生的。

正月里来过新年，
陕北出了个刘志丹，
刘志丹来真勇敢，
他带上队伍上横山，
一心要共产。

……

形势的好转却使“左”倾路线的执行者、陕西省委书记杜衡冲昏了头脑，他不顾刘志丹、习仲勋、张秀山、王世泰等人的坚决反对，不但强行撤换了红2团领导，而且强令红2团乘胜南下，要在西安近郊创建渭北新区。结果，部队在抵达蓝田县张家坪时，遭遇强敌伏击。指战员虽经血战，但仅有不足百人突围（杜衡也叛变）。时任红2团团长的王世泰也对这段痛心疾首的历史，作了身临其境的回忆：

> 1933年6月，王明“左”倾路线的忠实执行者杜衡，不顾敌我力量悬殊，不顾刘志丹、张秀山、习仲勋和我等的坚决反对，强行命令红2团南下渭华地区，完成所谓创建渭华根据地的任务。结果出发的第三天，杜衡便置红2团几百革命战士的生命于不顾，借机离开部队逃回西安（被捕后叛变），令红2团继续南下。红2团经与数十倍于我之敌苦战十多天，最后在蓝田县张家坪打散。团代政委汪锋负伤流落山中，我和志丹被冲散，各自东西。我在终南山辗转两个多月找到刘志丹，后经历各种艰险，才回到

照金。红2团被杜衡一手断送，志丹和我们的心情无比沉痛，特别是几十位革命战士遗骨终南山，令我们食不知味，夜不安寝，直到今天回忆起来，心中还隐隐作痛。

在刘志丹返回照金之前，战士在这种形势下产生了悲观厌战情绪不足为奇，反映出主要领导之间发生了矛盾和分歧。

果然，在陈家坡会议上，这些畏战厌战情绪和不同意见集中表现出来，突出形成两种意见。一种意见主张红旗不倒，恢复红26军，创立红4团；立即将游击队集中起来，成立统一指挥部，统一行动；高举红旗，拉起队伍，坚持扩大陕甘边新区。另一种意见反对集中领导、统一指挥，主张把游击队分散，把义勇军调回老家渭北地区分散经营。

显然，第二种意见不符合实际，是错误的。如果让其走下去，哪有什么“硕果”可言？

参加这次会议的有秦武山、习仲勋、杨森、高岗、李妙斋、张秀山、张邦英、黄子祥、王伯栋、陈学鼎及一些连队指导员等。秦武山时任特委书记，习仲勋时任军委书记兼党团书记。会议的执行主席就是习仲勋和秦武山。

陈家坡会议，在习仲勋、秦武山主持下，从当日下午开到第

1933年8月14日，习仲勋等在薛家寨以东的陈家坡村主持召开陕甘边区党政军联席会议。会上，习仲勋坚持巩固和扩大根据地的正确主张。图为陈家坡会议旧址。

二天天亮，中间表决后仍有不同意见，于是，又辩论，再表决，最后大多数人同意第一种意见，终于统一了认识，形成了决议。

参加当年会议的同志，若干年后津津乐道，都认为陈家坡会议具有历史意义，是关乎陕甘边生死存亡最关键的会议。

会议成果，体现在五项重大决定：

（一）政治上，坚决批判了右倾机会主义错误，坚持了红旗不倒，恢复红26军，创建红4团。

（二）组织上，对各路游击队、义勇军统一集中，统一领导，统一行动。

（三）军事上，成立陕甘红军临时总指挥部，王泰吉任总指挥，高岗任政委，统一指挥。

（四）战略方针，决定不打大仗，打小仗，积小胜为大胜。集中力量，深入陕甘边腹地活动。

（五）拓宽游击战地带，决定分三路建立游击区，第一路开辟陕北，以安定为中心；第二路开辟陇东，以南梁为中心；第三路开辟关中，以照金为中心。

陈家坡会议，不仅作出了具有深远意义的政治、军事战略决策，而且展现出红军战无不克的威力。

陈家坡会议后，新组建的陕甘边区的红军主力在特委的直接领导和临时总指挥部率领下，以崭新的战斗阵容展开游击战争，首先歼灭驻让牛村、庙湾的雷天一、夏玉山民团各一部；继而突袭柳林民团，首开胜利纪录，迫使苏区周围反动民团纷纷后撤。九月中旬，红军主力转入外线歼敌。二十五日在旬邑县底庙地区歼灭国民党地方民团一部，该民团中共地下党员宋飞率部分团丁参加了红军。旋智取旬邑县城张洪镇，击毙民团团总，处决国民党县党务指导员及一批恶绅。次日，返回照金休整。①

许多健在的老同志认为：

陈家坡会议为恢复和扩大红26军奠定了坚实基础，对陕甘边革命形势的发展，起了非常重要的关键作用，这是习仲勋同志的一大贡献。

陈家坡会议的成功，还彰显了陕甘边特委和习仲勋在政治上日益坚强，具有排除万难、坚持正确路线的领导能力。

（一）要把当时聚集在照金的几路游击队组织起来，通过一个服从统一组织、统一领导、统一行动的决议，是一件

① 《习仲勋传》上卷，中央文献出版社2008年版，第156页。

艰巨而紧迫的任务。据说，习仲勋与大家坦诚相见，谦虚而恳切地讲道理，终于使绝大多数人达成共识，通过了决议。这反映了习仲勋有广阔的胸怀，有远见卓识的才能。

（二）在红军、游击队失利，省委被破坏，特别是红军领袖刘志丹“下落不明”，人心惶惶，干部忐忑不安的情况下，习仲勋挺身而出，知难而上，通过召开党政军联席会议，力挽狂澜，扭转了危局。反映了习仲勋具有中流砥柱，独撑大厦的能力。

（三）会议中争论的三个问题，尖锐而复杂。在敌强我弱的形势面前，要不要坚持红旗不倒，恢复红军的主力；义勇军的首领王泰吉能不能担当红军总指挥；陕西省委派来的高岗能不能当政委。作为会议主席的习仲勋，从革命形势的迫切需要，王泰吉、高岗的战斗经历出发，真切而耐心地进行了解说，终于取得了一致认可。反映了他具有做政治思想工作的智慧和能耐。

（四）会议从14日下午开到15日上午，通宵达旦。中间曾表决通过。但有人又提出不同意见，于是再讨论、辩论，再表决、通过。这在一般的会议中是罕见的，不允许的。但主持会议的主席领着大伙却这样做了。说明了习仲勋富于灵活性。虽对有意见的人作了点妥协，却换来了更多人的赞同。这使我们感到他善于把原则性和灵活性结合，善用策略。

两个月后，刘志丹和部分将领，战胜极端艰险和困难，先后回到照金。对于蒙受大难的刘志丹和昼夜祈盼同志归来的习仲勋的会见，王世泰做了记述：在一场激动而兴奋的拥抱之后——

> 志丹和我听了仲勋同志的详细介绍，非常兴奋。志丹说，这个会议开得及时，开得好，只有统一的思想，才会有统一的行动，我们坚决拥护会议的决议。仲勋同志说，你回来了我们就有了主心骨。在谈陈家坡会议经过时，仲勋虽然没有说他个人的作用，但我深知仲勋作为陕甘边特委领导人之一，其功不可没，只不过他一贯谦虚谨慎，不愿突出个人罢了。正由于他有这种谦虚谨慎的品德，平时对志丹同志和我们都非常尊敬，而我也打心眼里支持他、爱护他、敬佩他。[①]

① 《习仲勋革命生涯》，第58页。

在以后的许多场合，有人谈到陕甘边的方针、政策和作风，是符合毛泽东思想的。习仲勋微笑着说：我们只是朴素的唯物论，和其他根据地一样，就是坚持马列主义、毛泽东思想为指导，走了井冈山的道路。

不久，召开了周家硷会议，再次强调要严格落实陈家坡会议的各项决定，会议补充决定刘志丹为陕甘边红军副总指挥兼参谋长。

牢牢扎根在群众之中，扩大统一战线

陕甘边根据地的巩固和发展，有赖于切实扎根在群众之中，与群众建立了密切的鱼水关系，同时广泛地进行了统一战线工作。

当年陕甘边一带交通不便，经济文化落后，生活极其艰苦，但群众中蕴藏着强烈的革命愿望。习仲勋十分了解群众的心情和愿望，他急群众之所急，想群众之所想，根据实际情况，采取有步骤、有区别的方法开展工作。主要是：

（一）首先是面对群众，深入到每个村落、每户人家，逐村逐村做调查，一户一户做宣传，开展深入浅出的解说工作，启发群众的觉悟和热情。“此后组织武装，开辟苏区，建立政权。”①

（二）把开展游击战与“三分五抗”相结合。三分，就是分地、分粮、分财税；五抗，就是抗税、抗债、抗租、抗粮、抗款。农民通过有组织的“三分五抗”，看到了好处，获得实际利益，认为“共产党好”，是劳苦大众的“救命恩人”，在最困难的时候给他们发放“救命粮”，心甘情愿跟党走，积极参加游击战。

（三）红军、游击队和群众结合成“三位一体”。陕甘边在刘志丹、习仲勋领导下，经常采取主力红军到外线作战，游击队在根据地与敌周旋，工农民主政府则组织群众，利用熟悉地形的特长，配合红军和游击队机动灵活地打击敌人。这种“三位一体”的战术，把来犯之敌搞得像瞎子、聋子，吃不上饭，喝不上水，得不到喘息，到处挨打，只好退缩。在斗争中，游击队和根据地得到发展，红军队伍得以扩充和壮大。

例如：1933年10月上旬，敌人调集4个正规团和6个县的民团共6000余人，向照金地区发起大规模的进攻。面对强敌猛攻，王泰吉、刘志丹冷静分析了敌情，认为敌强我弱不宜在狭小的根据地内与敌人周旋，必须跳出敌人包围，转战

① 《习仲勋革命生涯》，第25页。

到外线。于是，总指挥部决定，主力红军转到外线，待机歼敌；游击队坚守内线。18日红军主力一举攻克敌人守备薄弱的甘肃合水县城，击毙敌人200多人，缴获枪支百余支，使部队声威大震。紧接着，部队又在合水县毛家沟重创敌赵文治团，该团惨败，大伤元气，不敢再战。

（四）广交朋友，孤立敌人。当时还没有统一战线工作这个名称，但刘志丹和习仲勋一开始就做了大量统一战线工作。据张秀山回忆说：刘志丹1931年10月成立的游击队，就是几个部分构成的，除了他组织的100来人以外，有白锡林为队长的“晋西游击队”近百人（阎红彦也在这里），师储杰的“陕北商贩队”280多人，还有来自民间的武装力量，如赵连璧、贾生财、同守孝、杨丕胜等的部队，11月中旬，在甘肃平凉做兵运工作的谢子长也不期而遇了。

据刘志丹侄女刘米拉调查说：

刘志丹很注意统战工作。26军和陕甘边特委一贯采取对一切可以争取的力量，都要争取过来，反对主要的敌人蒋介石。

刘志丹经常告诉干部：要团结一切可以团结的力量。如：陈国璋部队里刘保堂；黄陵县小石崖的民团团总罗连成；合水民团团总贾生财，这些团结的朋友都给与红军物质上的援助，或帮红军看护伤员。黄龙山的郭宝珊，刘志丹多次派人去做郭宝珊的工作，1934年底他带一个营起义，参加了红军，在陕北粉碎敌人第二次和第三次“围剿”的战斗中，他的部队打得很勇敢。郭宝珊入了党，为党做了许多工作（肃反被关押）。

陕甘边地区哥老会的势力很大。刘志丹、谢子长、习仲勋、张秀山这些同志都做过这方面的工作。哥老会的头子苍沟的马大爷，南梁的郑大爷，太白的白大爷，这些人都对红军有很大的帮助。给红军送信，侦察敌情，买子弹，掩护我们的同志，做了很多工作。[①]

麻雀虽小，肝胆俱全。当年初建根据地时，百废待兴，但有一件不可或缺的事就是统一战线工作，这是“硕果仅存”的重要因素之一。办好这件事，对于习仲勋可能是牛刀小试，却是往后在全国范围大规模地组织雄伟的统一战线的伏笔。

习仲勋回忆说：

陕甘边的斗争史，是统一战线的又斗争又联

① 刘米拉在陕北苏区座谈会上的发言。

合的历史。对于同国民党政权有矛盾的地方武装，我们总是努力争取。凡同情、倾向革命的都热忱相待，一些哥老会头目、民团团总、保安团、红枪会，经过我们的团结争取，他们都为革命做过许多好事。对于某些土匪，能不能改造他们成为游击队呢？庆阳杨丕胜领导的游击队，开始是有土匪成份的，后来经过长期改造把土匪成份洗刷了，吸收一些新的农民成份，就成为游击队了。黄龙山的"大王"郭宝珊，经过刘志丹等的多方面工作，终于把他引上革命道路，从红军时代直到解放战争时期，立了许多战功。[①]

磨炼一批能征善战的虎将

陕北红军和苏维埃的巩固和发展，是与残酷斗争中涌现和锻炼出一批勇于打仗、善于打仗的优秀军事人才分不开的。在陕甘宁千山万水的游击战中，在长城内外的沙漠中，在战火纷飞的搏斗中，在被强敌"围剿"的浴血鏖战中，在断粮缺草、饥肠辘辘的艰苦岁月中，涌现出一批不畏艰险、

① 《习仲勋革命生涯》，第26页。

不怕牺牲、勇猛善战的优秀指挥员。从能找到的资料上看，陕甘边除刘志丹外，主要有“二王”（王泰吉、王世泰）、黄子文、张仲良、张邦英、张学鼎、李妙斋、黄罗斌、秦武山、杨森、杨琪、黄子祥、王伯栋、陈学鼎等。陕北红军除谢子长外，主要有贺晋年、张达志、崔天民、马佩勋、何育仁、马万里、王兆祥、杨文谟、路文昌、惠世良、刘洪飞等。

在西北高原成长起来的优秀军事人才，有的善于打游击战，有的善于打运动战，有的会潜入敌营“借水养鱼”，有的善于诱敌深入聚而歼之，他们的共同之处，就是冲锋陷阵、不怕牺牲，足智多谋、英勇善断。

王泰吉就是其中的优秀代表。

王泰吉原来是杨虎城部队的骑兵团长，秘密党员，1932年7月21日率1000多人在耀县起义，成立西北民众抗日义勇军，原准备率起义部队向三原进发，想争取杨竹荪团参加起义，不料途中被敌人打散，王泰吉只好带领余部撤到以照金为中心的陕甘边根据地。

1934年初，他先后任陕甘游击总指挥和红26军42师师长。期间，提出要去豫陕边界动员他的朋友刘桂堂参加革命，不幸中途被叛徒出卖，英勇就义。

习仲勋对王泰吉英勇善战的事迹，有一段生动的回忆：

1933年深秋，部队在庆阳三十里铺消灭了敌民团后，敌杨子恒旅的赵文治团和谭世麟的庆阳五属民团骑兵营跟踪追击，一连几天，咬住不放。我军因长途奔袭，接连作战，非常疲劳，在庆阳毛家沟门村宿营时，突然遭到赵文治团产的袭击。在情势非常危急的时刻，总指挥王泰吉临战不慌。他首先带领身边的警卫人员从指挥部的北山坡冲下去，趟过小河，顽强出击，顶住了敌人的凌厉攻势，掩护指挥部和部队向北山转移，然后他又赶到山顶上组织部队反击。他命令骑兵连全部下马注意隐蔽，准备冲杀；命令义勇军和各路游击队坚守山头；又命令把手榴弹全部收集起来送上前线，集中使用。

当敌人一窝蜂似的向山上涌来时，王泰吉手提盒子枪高喊："敌人不到跟前不许乱放枪！"随后他又喊道："敌人已经追击我们好多天了，今天我们一起冲锋把这一股敌人消灭掉！"在王泰吉的号令下，密集的步枪、机枪子弹和手榴弹打得敌人不是倒地一片，就是抱头鼠窜；后面的敌人不战自溃。在冲锋号中，王泰吉身先士卒带部队直冲山坡。顷刻间将多于我军三倍的赵文治团完全击溃，敌人四处逃跑，尸横遍野。谭世麟见势不妙，带着他的骑兵营仓皇逃遁。[①]

正确坚强的领导核心和领袖

陕甘边根据地在长期斗争中，形成了坚强领导核心和久经考验的领袖。这个领导核心，在和中央中断联系时，经受了无数次挫折和失败的考验，饱尝了艰难困苦的磨练，多次克服了“左”和右的干扰，力挽狂澜，转危为安，始终坚持红旗不倒的正确道路。

在艰难曲折的斗争中，锻炼出坚强领导核心，主要是：刘志丹、谢子长、习仲勋、王泰吉、张秀山、马文瑞、王世泰、张邦英等同志，他们的共同点：（一）都组织过兵变和暴动；（二）都坐过敌人监牢（刘志丹被戴上12斤重的枷锁）；（三）除马文瑞外都受过重伤，都在老百姓家中得到保护、治疗、休养，都与群众建立了血肉关系；（四）都遭受过“左”、右倾的排斥和打击。他们形成了百折不挠、愈挫愈坚的优良作风。

其中最受敬仰的是刘志丹，他是这个核心中公认的领袖。

---

① 《习仲勋革命生涯》，第15—16页。

刘志丹是百炼成钢的革命英雄。1925年末受党指派入黄埔军校学习后，随军东征，后任国民军联军第四路军党代表。1927年蒋介石发动四一二反革命政变后，刘志丹回到陕西，与谢子长参与领导了“清涧暴动”、“渭华起义”，虽然失败了，但刘志丹毫不灰心，坚韧不拔，多次投入兵变战斗。1928年冬担任陕北特委军委书记。从此，刘志丹就一直战斗在西北，特别是在陕甘一带成为率先高举红旗的领军人。

刘志丹既有丰富的斗争经验，又有卓越的军事领导艺术，对党赤胆忠心，对战士亲如手足，善于团结干部，密切联系群众，胜利时不骄不躁，能冷静正确地分析判断形势，失利与挫折时毫不气馁，受到错误排挤和打击时胸襟开阔，顾全大局，从容应对，表现出政治上的成熟、品德上的高尚，深受广大人民群众的拥护和爱戴。干部称呼他“老刘”，群众亲切地称他为我们的“老刘哥”。

毛泽东称赞刘志丹是：群众领袖，民族英雄。

周恩来题词：上下五千年，英雄万万千，人民的英雄，要数刘志丹。

朱德称刘志丹为：红军模范。

第三章

毛泽东的政治敏感和丰富经验，及时挽救了陕北危机

了解西北革命历史，我们不能忘却陕北错误“肃反”的严重教训，这是自己人打杀自己人的一场惊心动魄的危机，“肃反”搞得人心惶惶，将“硕果仅存”的根据地几乎断送。

三位亲历者的回忆

陕北错误“肃反”采取了非法手段，令人发指。这里，选择党、政、军三位有亲身经历的领导干部的陈述。

时任陕北陕甘特委书记的张秀山回忆说：

1935年发生在陕北的这起“左”倾肃反，从7月15日永坪扩大会议作出的《反右倾取消主义决定》开始，至1935年10月24日，党中央、毛主席率领中央红军到甘泉县下寺湾制止肃反止，历时三个多月。

在这个乌云翻滚的日子里，“左”倾错误执行者把原西北工委和西北军委的主要领导：刘志丹、高岗、杨森、习仲勋、杨琪、惠子俊和我等同志逮捕下狱，险遭杀害；西北军委委员、红27军84师师政委张达志被撤职，也被打入肃反的黑名单；陕甘边、陕北两个根据地和红军的一些重要领导干部张策、马文瑞、王世泰、刘景范、黄罗斌、郭宝珊、任浪花、朱子休、张文舟、李启明……和红26军连以上的干部，地方区以上的干部，先后都被扣上“右派反革命”的帽子，关押狱中，遭到酷刑拷打。准备活埋我们的大坑都挖好了。

红军营长于震西被抓后，被肃反的人用匕首一刀一刀地扎，逼他承认自己是反革命。于震西直到死，也没有低头，没有诬陷自己的战友和同志。义勇军首领郭宝珊同志被审讯时，反问他们："刘志丹是什么派？"审讯者说："刘志丹是右派！"郭宝珊坚定地告诉他们："刘志丹是右派！我也是右派！"

有的同志被杀掉，有的被活埋，幸存者被摧残得难以言表。中央后来查证，肃反中，他们已"杀害了二百以上的西北党政军干部"。[①]

时任陕甘边东部地区苏维埃主席马文瑞回忆说：

1935年冬季，陕北山区的天气异常阴冷，穿着棉衣在山区活动都觉得受不了，但我们的革命热情很高涨。

朱理治以"中央驻北方代表驻西北代表团"的名义，完全夺取了西北党的领导权，同时让聂洪钧接任了刘志丹的军委主席职务。随后他们便在西北根据地内积极推行王明"左"倾机会主义路线和政策。

正当我们干劲十足的时候，极端错误的陕北"肃反"开始了。

① 张秀山：《我的八十五年——从西北到东北》，第86页。

1935年7月间，在延川永坪镇召开的西北工委扩大会议上，不切实际地否定了陕甘党领导下的革命斗争功绩，错误地批评刘志丹同志和许多负责人右倾，扣上了“右倾取消主义者”的帽子。

朱理治又提出了“要进行肃清右派反革命的肃反运动”，……颁布了《赤色戒严令》，开始了全面肃反。结果，把西北红军的刘志丹、杨森、杨琪、黄罗斌、张文舟、高朗亭等，地方党政的张秀山、习仲勋、刘景范、张仲良和我等都抓了起来。

将红二十六军营级以上、陕甘边地方县级以上的干部统统关押，几乎无一幸免。这些同志被捕入狱后，均遭受了种种非人的折磨，有200多名优秀干部被错误杀害，这是当时西北根据地的一大灾难。

我一到瓦窑堡西北保卫局，就被戴上脚镣。该局局长戴季英亲自抡着皮鞭打人，完全是法西斯那一套。我当时戴着脚镣，铁圈子把小腿都磨破了，直流鲜血……整天让我们住在土台上用砖垒的小巷里，只能坐下一个人。晚上睡觉翻身时，要高声喊：“报告！”不然脚镣一响，门口哨兵就进来用刀背子砍。吃的是沤谷米饭。还只给一点儿，根本吃不饱……有时没有菜，就那么干吃。一次大小便、放风的时候，我看见院子里挖下许多土坑，问挖这干什么，说是防空掩体。后来才知是准备活埋我们的。

当年被从战场上诱捕的黄罗斌，回忆刘志丹、习仲勋和他被捕、被打的情景时说：

刘志丹在歼灭国民党东北军110师后，被调到北线指挥作战，途中遇到通信员，通信员将送往红15军团的信交给刘志丹。……这封信就是“左”倾路线执行者逮捕刘志丹和红26军、陕甘边区干部的名单。刘志丹不顾个人安危，仍到瓦窑堡向省委陈述意见，挽救同志，挽救革命，可到了瓦窑堡还未开口就被逮捕了。当时身为陕甘边区苏维埃政府主席的习仲勋已被捕入狱。杨森和我打完劳山战役后，分别被以调往北线作战和调任军政干部学校政委的名义，诓骗到瓦窑堡后逮捕入狱。杨森和我被推进监狱后，习仲勋见了我们点了点头，笑了笑，意思是你们也来了。这一举动被看管人员看到了，当即朝习仲勋头上抽了两鞭子。[1]

习仲勋从路线方面作了回忆：

王明“左”倾机会主义路线也影响到陕北。他们不作调查研究，不了解陕甘革命历史，不了解敌情、我情，全凭主观臆断，强调对外是一切斗争，否认联合；对内凡不同意他们错误观点的就残酷斗争，无情打击。他们指责刘志丹同志等只分川地，不分山地（陕甘边某些地方土地多，光川地平均每人就有十几亩、几十亩，群众只要川地不要山地），不全部没收富农的东西，不在游击区分配土地，是“不实行土地改革”；指责我们纠正一些违犯纪律的土匪行为是“镇压群众”；还说我们同杨虎城有联系，是“勾结军阀”。他们无中生有，无限上纲，先说我们“右倾”，继而说我们“右倾取消主义”，更进而说我们是“右派”，诬陷我是“右派前线委员会书记”，诬蔑刘志丹同志“和杨虎城有

① 《习仲勋革命生涯》，第90页。

勾结”，是“白军军官”。当时，蒋介石正在对陕甘边区进行第三次“围剿”。于是出现了这样的一种怪现象：红军在前方打仗，抵抗蒋介石的进攻，不断地取得胜利，“左”倾机会主义路线的执行者却在后方先夺权，后抓人，把刘志丹同志等一大批干部扣押起来，红二十六军营以上的主要干部，陕甘边县以上的主要干部，几乎无一幸免。白匪军乘机大举进攻，边区日益缩小，引起了群众的极大疑虑；地主、富农乘机挑拨煽动，以致保安、安塞、定边、靖边等几个县都“反水”了。根据地陷入严重的危机。

我被扣押了。起初关在王家坪，后来押到瓦窑堡，和刘志丹同志一起被关在一个旧当铺里。“左”倾机会主义路线的执行者搞法西斯审讯方式，天气很冷，不给我们被子盖，晚上睡觉绑着手脚，绳子上都长满虱子；一天只放两次风，有人拿着鞭子、大刀，看谁不顺眼就用鞭子抽，用刀背砍，在莫须有的罪名下，许多人被迫害致死。[1]

---

① 《习仲勋文选》，第288—289页。

“千里雷声万里闪，中央来了晴了天。”在这十分危急的关头，中央红军和毛主席来了，党中央派的先遣联络员来了。陕北人民无比高兴地传颂着喜讯：“毛主席来了！”“大救星来了！”

不久，当年人们最爱唱的歌出现了：

东方红，太阳升
中国出了个毛泽东
他是人民的大救星
……

久旱逢甘霖，春风吹又生

毛泽东为挽救陕北的危机，高瞻远瞩，力挽狂澜，做了巨大而影响深远的工作。一方面，他通过各种渠道，深入调查研究，寻求最有利的解决办法；另一方面，他运用军事力量，从根本上解决陕北苏区面临的困难。

1935年10月19日，陕甘支队即中央红军胜利到达陕北吴起镇，毛泽东即提出“不能把敌人带进苏区”的方针，部队迅速在吴起镇以西，一举将尾随而来的马鸿逵部及国民党军一个骑兵团全部歼灭，并乘胜击溃后续的3个团，痛快淋漓地割掉了“尾巴”。

次日（10月20日），毛泽东和党中央即听取了当地游击队长张明科和红26军骑兵团政委龚逢春关于陕北“肃反”的汇报，得知逮捕了刘志丹、习仲勋等许多人，凭他锐利的政治敏感和丰富的斗争经验，判断了陕北苏区错误“肃反”的形势严重，立即派白区工作部部长贾拓夫和李维汉等人携带电台，作为先遣队火速去寻找陕北红军和刘志丹。

李维汉回忆说：

> 我们在甘泉下寺湾遇到了郭洪涛，得知陕北苏区正在对红二十六军和原陕甘边党组织进行肃反，刘志丹等主要干部已被拘捕。在吴起镇时，曾有同志向党中央反映陕北肃反和刘志丹被捕的事，现在得到了证实。我们当即电告党中央毛泽东等同志。[1]

错误严重，形势危急，不容迟疑。接到贾拓夫和李维汉

① 李维汉：《回忆与研究》上册，第370页。

电报后，毛泽东采取果敢决策，当即下令：

> 停止逮捕，停止审查，停止杀人，一切听候中央来解决。[1]

这才使恶化的事态得到了制止。

紧接着，派中央红军保卫局局长王首道携带电台，代表党中央前往瓦窑堡，接管“左”倾分子控制的西北局保卫局，防止事态变化。

中间还派邓颖超、蔡畅、康克清等组织慰问团，前去稳定形势。

随后，毛泽东和中央来到甘泉县下寺湾，听取了陕北苏区领导人的汇报，之后召开会议，分析了陕北根据地的政治和军事形势，决定分两路行动。一路：张闻天、秦邦宪、刘少奇、邓发、董必武、李维汉等直接去陕北苏区中心——瓦窑堡。另一路：由毛泽东、周恩来、彭德怀率中央红军南下，迎击第三次“围剿”陕北苏区的敌人，取得著名的直罗镇战役的大胜利，成为中央在西北建立根据地的奠基礼。

① 李维汉：《回忆与研究》上册，第371页。

军事上、政治上的胜利，毫无疑义，为顺利解决陕北危机开拓了广阔的道路。

1935年11月初，中央组织了以董必武为主任，王首道、张云逸、李维汉、郭洪涛为委员的审查错误肃反的“党务委员会”，进行了甄别和平反。

共产党人在凶恶的敌人面前，横眉冷对，豪气万丈，但是遇到被自己同志打杀时，如何正确对待，这是一件没有先例的事。

刘志丹、习仲勋、马文瑞、张秀山、刘景范、张仲良等被错误关押时，以大局为重，表现了对革命事业的赤胆忠心。刘志丹表现尤为突出。

（一）劳山战役前夕，刘志丹得知后方已把陕甘边特委的张秀山、张文华、蔡子伟逮捕，把西北军委的张庆孚、朱子休等人关押，他决定前往北方局代表所在地瓦窑堡进行申诉。

但刘志丹途经安塞真武洞时，碰见从瓦窑堡来的通信员，称是给15军团送急件，通信员不知底细，便把信交给了刘志丹。刘志丹一看，原来是秘密逮捕自己和其他将领的名单。他反复思考如何对待，既不能回避，也不可回部队。回部队势必引起斗争和大乱，最后决定，为了不使党分裂，不使红军自相残杀，保住红军和根据地，不顾个人安危，毫不犹豫地直奔瓦窑堡，准备直接面向“中央代表团”申诉，但事与愿违，他一到，即被投入监狱，根本不容申诉。

（二）刘志丹在狱中采取完全低调的办法，“见人不语，低头不言”。有时遭到看守无端的打骂，既不作声，也无怨言。他冷静分析形势，意识到自己的一举一动，将会引起狱中大乱，不利于问题解决。因此，压抑万丈怒火，忍气吞声，不言不语。

出狱后，一些人怨气难消，愤愤不平，他和习仲勋劝说大家：“我们的事中央已经管了，大家听候中央处理，不要多谈了。”

时任中央组织部部长的李维汉，对刘志丹在平反会上的讲话，以不无赞美的心态做了以下的回忆：

一九三五年十一月底，开了一次平反会，洛甫、博古、刘少奇等出席。……会上，宣读了《西北中央局审查肃反工作的决定》。王首道代表五人委员会宣布：刘志丹等同志是无罪的，党中央决定立即释放，并且分配工作。刘志丹讲了话，他说：这次肃反是错误的，我们相信中央会弄清问题，正确处理的。我们也相信犯错误的同志会认识错误、改正错误，团结在中央周围一道奋斗。①

（三）刘志丹等恢复工作后，一些曾被关押过的人，仍然感到怨气难消，要求中央审查处理，他又和习仲勋耐心劝说："现在战事很急，中央要管的事情很多，我们把现在的事管好，中央迟早会处理的。"

一些未参与事件的旁观者，打抱不平去问他时，他总是宽恕而温和地回答说："事情已经过去了，中央挽救了我们，我们要做好事来回答，过去的已经过去了，不要谈了。"

这才是真正的英雄，中国人民的脊梁。

事物的发展毕竟存在着必然性和偶然性。中国革命必须走农村包围城市的道路，武装斗争必须和农民运动相结合建立坚强的根据地，这是必然的。在敌强我弱的局势下，放弃或失守根据地，这是偶然性的选择。陕北根据地在发展和壮大的胜利声中遭到"左"倾路线的迫害，造成了严重危机，却由于中央红军适时到达，得以挽救。在一定的意义上反映了这种规律。正如习仲勋所说，如果中央不来或迟来

① 李维汉：《回忆与研究》上册，第372页。

陕北几天，刘志丹和我们红军将领就会遭到杀害，恐怕这个“硕果”也就难以“仅存”了。

一桩深有教育意义的事件

刘志丹、习仲勋、张秀山在教育干部回顾陕甘边红军光辉而艰辛的创业史时，常常讲到这样一桩史实。

1931年，刘志丹经过无数艰险和困难组织起400多人的游击队，下属两个支队，刘志丹兼任第2支队长，次年1月1日，部队在正宁县柴桥子改编为“西北反帝同盟军”。

部队改编是一件大喜事，意味着兵强马壮、战斗力增强，但不久，第1支队突然以“贯彻执行省委反右倾机会主义、清洗部队为由”，在正宁县三嘉塬缴了刘志丹和第2支队的枪，逮捕了刘志丹，开除了其弟弟刘景范，打死了第2支队的两位队长，吓得师储杰和100多名游击队人员出走。这个突发事件使刚刚发展起来的人民武装蒙受了严重打击。

陕甘边一些同志愤愤不平，反映到中央，1986年中央办公厅103号文件明确指出：“三嘉塬事件不论是谁的决定，都是不对的”。但当年刘志丹等人以大局为重，沉着冷静，没有计较、更未动武，先平息事态，再号召团结为上、宽容忍让、坚持革命、不要动摇、为革命继续奋斗。

建立和发展红色根据地，是毛泽东在大革命失败后创立的武装割据、农村包围城市的战略部署，为广泛开展游击战争提供了宽广的区域。上世纪30年代初，汹涌澎湃，在中华大地上先后涌现了十几块红色根据地。但由于敌我力量和客观条件的制约，又缺乏知识和经验，在曲折发展的实践中，出现一些这样那样的错误和缺陷，是难以避免的。因此，当年各根据地发生失误和缺陷，“只有性质和程度的差别，没有有无之分”。问题的关键，在于领导如何正确引导和妥善解决。刘志丹和陕甘边的领导人从大局出发，相忍互让，及时妥当地解决了这一不幸事件。反之，如果他们当时不采取这种办法，而采取了对抗的办法，哪有后来的陕北红军和根据地呢?

“三嘉塬事件”之后的第二个月，陕西省委又决定把“西北反帝同盟军”改编为“中国工农红军陕甘游击队”，谢子长任总指挥，刘志丹任副总指挥，刘志丹愉快接受这一决定，和谢子长又并肩战斗了。

刘志丹赤胆忠心，光彩照人。

第四章

始终站在新的起点上奋进

从1936年到1954年的18年间，是习仲勋一生中工作最繁忙、最紧张的时期，因而也是非常灿烂、辉煌的时期。

1936年1月，习仲勋和刘志丹蒙冤出狱之后，先参加红军的西征，后习仲勋被分配在甘肃的一个最穷困、饮苦水的环县任县委书记。时任中央组织部部长的李维汉在回忆录中不无遗憾地说：由于“陕甘边苏区的地方干部和军队干部仍然带着右倾机会主义的帽子，所以对他们的工作分配，特别是对一些高级干部的工作分配，一般是不公正的。”[1]但

① 李维汉：《回忆与研究》上册，第373页。

1937年10月，关中特区改称关中分区，在分区党的第一次代表大会上，习仲勋当选为分委书记。图为习仲勋（右三）与关中部分领导干部合影。

金子在什么地方都会发亮，不久，习仲勋即调任到他熟悉的关中分区，担任地委书记。

镇守南大门

关中分区机关驻地在旬邑县马家堡、马栏，是陕甘宁边区的辖区之一，位于陕甘宁边区的最南端，也是边区的南大门。关中分区东临咸榆公路，西控西兰公路，南接陇海铁路，东、西、南三面与国民党统治区接壤，国民党称为“囊形地带”，像一把利剑插入国民党统治区，直逼它的战略重镇西安。

关中分区的边境距咸阳百余公里，而咸阳距西安仅仅30公里。国民党在咸阳有专门对付共产党的集中营，西安则是反共的大本营，利用托派叶青、张慕陶办反共训练团。国民党经常从咸阳、西安派特务扰乱边区，制造磨擦，残害人民。据统计：从1939年到1942年，国民党在关中地区制造的磨擦事件竟有64起。习仲勋针锋相对，采取有理、有利、有节的策略，每次都把敌人击溃或打散。

习仲勋上任后主要抓了三件大事：

（一）巩固、收复和扩大关中分区；

1937年至1940年，关中分委、关中分区行政督察专员公署机关驻地——马家堡旧址。

（二）加强党和政权建设；

（三）发展生产，改善人民生活。

关中分区是国内战争时的以照金为中心的陕甘边根据地，由于红军北上，被国民党“蚕食”去一些地方，习仲勋到后，发动群众，进行斗争，逐步收复了被“蚕食”的地方。

其中影响最大的斗争是爷台山战斗。

1945年7月21日，国民党纠集一批军队向陕甘宁边区关中分区淳化县的爷台山地区发动了猛烈进攻，企图侵占关中分区。中央调动边区部队成立了“爷台山反击战临时指挥部”，并调去已经就任中央组织部副部长的习仲勋为政委。经20多天战斗，一举粉碎了敌人进攻，收复了失地。

毛泽东曾深情地说：“不久以前，国民党调了六个师来打我们关中分区，有三个师打进来了，占领了宽一百里、长二十里的地方。我们也照他的办法，把在这宽一百里、长二十里地面上的国民党军队，干净、彻底、全部消灭之。我们是针锋相对，寸土必争，绝不让国民党轻轻易易地占我们的地方，杀我们的人。”[①]

关中分区的马栏，曾是当年地下党陕西省委的所在地，

① 《毛泽东选集》第四卷，人民出版社1991年版，第1127页。

1941年，关中分区机关迁至马栏镇。分区干部办公、居住的窑洞都是他们自己动手修建的。图为马栏关中分区旧址。

在组织隐蔽斗争、保存和培训干部方面，得到习仲勋多方支持和帮助，很多老党员认为习仲勋对陕西地下党组织建设，做了很多卓有成效的工作。

1938年为了解决粮食困难，中央决定把陕北公学从延安迁到关中分区辖区的看花宫。习仲勋以极大的热情帮助解决近万名师生的校址和食粮，以及来自全国各地师生进入边区的通道问题。学生在这个安谧、欢乐、多彩的环境中，学习了本领，对抗日战争作了重要贡献，许多同志后来走上了重要领导岗位。

习仲勋在关中分区再一个显著成绩，就是响应毛主席关于“自己动手，丰衣足食”的号召，结合当地的实际情况，大力发展生产，做到了“耕三余一”，使各个县粮食产量增多，群众形容说：“前囤子凸堆，后囤子满”，人们歌唱：

谷穗长又长，
牛羊满山川，
有吃又有穿，
人民喜洋洋。

坐镇北大门

绥德历史上是州府所在地，素有“天下名州”、“旱码头”之称，1940年王震将军率359旅从华北回师陕北，绥德成为边区的警备区。

1943年2月，习仲勋调任绥德地委书记兼警备区政委。

绥德分区，地区辽阔，人口50多万，人民生活比较富裕，文化程度也较高，是边区最大的一个分区，是陕甘边区的后方，也是延安联系晋绥、华北、华中抗日根据地的通道，又是边区的北大门。但在它的背后却是国民党的榆林地区，国民党经常派特务、民团来骚扰磨擦，所以，榆林是国民党和边区斗争的前哨阵地。

中央决定派习仲勋去任书记时，毛泽东特意找他谈了话，说：“一个人在一个地方呆久了，就没那么敏感了，到新的地方去也是锻炼嘛！”

习仲勋一上任就抓了几件大事。

（一）肃清特务和国民党指使潜藏下的暗杀队、石头队、棒子队、板子队（妓女），加强社会治安，维护了社会稳定。

（二）巩固和发展了统一战线。绥德、米脂历来文化氛围浓厚，设有师范和中学，人们也重视学习，出现人才较多。仅米脂县的杨家沟，抗战初全村就有8个大学生在北京上学。

有影响的开明人士也比较多，习仲勋很重视他们的作用，调动他们抗日救国的积极性，拥护人民政府，参加民主建设。

陕甘宁边区政府实行三三制政策，副主席李鼎铭、参议会副议长安文钦、财政厅副厅长霍子乐、教育厅副厅长贺连城都来自绥德地区。

但是习仲勋还嫌统战工作做得不够，提出了具体要求，展现出他认真负责的精神面貌和工作作风。

习仲勋说："对于每一个人、每一个派别、每一个社会团体、每一支武装队伍，都根据它们不同的情况，在抗日救国的总方针下，同他们接洽、协商、谈判，以订立各种地方的、局部的、暂时的或长久的、成文的或口头的协议，同他们当中的一些人、一些单位，建立起各种不同程度的统一战线关系。"①

① 《习仲勋文选》，第291—292页。

绥德分区位于陕甘宁边区北端。1943年2月，习仲勋调任绥德地委书记，把守边区“北大门”。图为担任绥德地委书记期间的习仲勋。

（三）习仲勋1943年正在全力以赴地狠抓民主建设时，康生利用整风审干发动"抢救失足运动"，在机关、学校整出了许多假特务、假叛徒，弄得人心惶惶。习仲勋以他政治上的敏感和鉴于1935年陕北错误"肃反"时血的教训，认为席卷全分区的审干又在搞主观主义罪恶。他一方面派地委秘书长安子文向西北局汇报情况，请求纠正，同时，向各机关领导提出，要坚决反对"逼供信"。对广大群众采取大会报告和个别谈话的方式，反复提醒大家：

"一定要实事求是，对党要忠诚，要说真话，不要说假话。谁要是乱说，就会起到特务所起不到的作用。"

又说："实事求是就是党性。"

接到毛主席九条方针和甄别平反的指示后，习仲勋立即组织开展甄别工作，彻底平反审干中扩大化的人和事。据统计，绥德分区错打的"特务"在各分区中最少，甄别工作做得扎实认真。

据曾在绥德主编《抗战》的梅行回忆：

毛主席表扬习仲勋"在整风审干中能掌握党中央的政策，比陕甘宁边区的其他地区稳妥。"①

---

① 《习仲勋革命生涯》，第194页。

在绥德地区流传着一个令人神往的故事。清涧县有个不大的村——白家沟，地图上都找不到，却有共产党的支部和党员主持的小学，为革命培养了很多人才，他们自豪地说：仅这个小村解放后陆续出了7位省部级干部。他们是：白如冰（山东省委原书记），白栋材（江西省委原书记），白治民（中组部原副部长），白向银（建设部原副部长），白茜（西北妇联会原主任），白烈飞（北京市政法委原书记），白清江（旅大特区原书记），白恩培（云南省委原书记）等。他们是党长期熏陶的结果，但据统计，其中6人曾在习仲勋直接领导下工作，1人间接受到习仲勋的砥砺和影响。

事实最能教育人，陕北人民对中国革命的贡献功不可没。

第五章

群众中走出来的群众领袖与彭大将军共创奇迹

1945年10月，西北局书记高岗调往东北，需要另选书记时，毛泽东说："要选一位年轻的担任西北局书记，就是习仲勋，他是从群众中走出来的群众领袖。"

时年32岁的习仲勋上任后，没有辜负毛泽东的期望。

转战陕北，抗击十倍之敌

蒋介石在八年抗战中丢掉了大半个中国的大好河山，日本投降后，又获得美国60亿美元的军事援助，飞扬跋扈，妄图消灭革命根据地及人民军队。1947年3月2日，蒋介石

国民党发动全面内战后，习仲勋号召民众动员起来，加紧生产、支援前线，夺取战争的胜利。图为习仲勋在群众中作动员讲话。

纠集几十万大军，分三路进攻延安，妄图“三个月解决‘共匪’问题”。

3月17日毛泽东和中央军委决定：

“边区一切部队统归彭德怀、习仲勋指挥。”

彭德怀和习仲勋临危受命，深感责任重大。敌人25万大军大兵压境，而西北野战兵团仅有2.6万人马，另三个地方旅和一个骑兵师1.6万余人，敌我兵力悬殊，要负责保卫延安、保卫边区、保卫党中央、毛主席三大任务。他们勇挑重担，在敌大我小、敌强我弱的形势下，首先利用陕北地势地貌和坚强的群众关系，发扬解放军的勇敢战斗精神，先后于撤出延安的45天内，在青化砭、羊马河、蟠龙镇，采取“蘑菇战术”(群众和战士分别叫“老鹰抓鸡”、“瓮中捉鳖”、“关门打狗”)，干净、彻底、利落地消灭了胡宗南的三个精锐旅，活捉李纪云、麦宗禹、李昆岗三个旅长，歼敌1.4万余人，缴获了大批物资和枪炮，极大地鼓舞了人心，振奋了志气，打击了胡宗南的嚣张气焰。

新华社记者曾写过一首打油诗：

胡蛮胡蛮不中用，
延榆公路打不通。

习仲勋协同彭德怀指挥西北野战兵团取得青化砭、羊马河、蟠龙三战三捷。图为习仲勋（右）与彭德怀一起研究作战部署。

丢了蟠龙丢绥德，
一趟游行两头空。
官兵六千当俘虏，
九个半旅像狗熊。
害得榆林A司令，
不上不下半空中。

西北野战军、陕甘宁边区政府，在安塞县真武洞，举行了5万多人的庆祝大会，周恩来、陆定一、彭德怀、习仲勋参加大会并讲了话，欢呼和口号声响彻山谷。最重要、最鼓舞人心的内容是：

“毛泽东还在陕北”。

策动国民党榆林保安部队起义

1946年冬天，蒋介石曾妄图突袭延安，从南北两个方向夹击边区，以便实现占领。在这关键的时候，国民党榆林保安部队指挥官胡景铎，率领5000多人在横山起义，给蒋介石当头一棒。当着胡宗南算尽心机、企图进攻陕甘宁边区前夕，在他的北边防线上爆发了最大的起义，不但使其妄想破

1946年4月，在陕甘宁边区第三届参议会第一次会议上，习仲勋当选为常驻议员（后为代议长）。图为习仲勋（后排右二）与其他常驻议员合影。

灭而且对全国起了非常重大的影响。

起义部队改编为骑兵第6师，到达延安时，毛泽东、周恩来、朱德、任弼时、叶剑英等中央领导亲切接见，热情讲话，隆重宴请，十分重视。这部分起义部队后来编入西北野战军第四纵队，在解放大西北的战斗中作出了重要贡献。

这支部队起义是习仲勋长期耐心、细致、亲自做工作的结果。指挥官胡景铎和习仲勋是立诚中学的同学，受习仲勋多年影响，要求进步。习仲勋任绥德地委书记时，他们之间联系更为密切，习仲勋经常给胡景铎传话带信，启发其爱国爱民思想，帮助他认清形势，走光明正确的道路。习仲勋任西北局书记后，随着全国形势的胜利发展，他们交往更多了，除秘密通信外，习仲勋还派地下党刘文蔚就近进行工作。功夫不负有心人，滴水能穿石，在习仲勋精心策动下，胡景铎终于适时率军在横山起义，给蒋介石以沉重的打击。

从陕北出发征战大西北

撤出延安第六天后，习仲勋和彭德怀竭力配合，先后成功地取得了青化砭、羊马河、蟠龙镇三大战役的胜利，成为军事史上以少胜多的典型战例。

彭德怀（左二）、习仲勋（左三）、
张文舟（左四）、徐立清（左一）
在青化砭察看地形。

接着，他们乘胜挥师西进，风驰电掣，击败三马（马鸿逵、马步芳、马步青），收复陇东（庆阳、合水、曲子、环县、镇原）和三边（靖边、安边、定边），然后率师北上，攻打榆林。榆林是胡宗南在边区背后设置的“定时炸弹”，攻打榆林，既可消除西北野战部队身后的隐患，也能安全保卫毛主席。果然，攻克榆林后，改变了陕北战局，我军由防御转为进攻，敌人由进攻转为防御。

1947年7月，西北野战兵团更名为西北野战军，部队奉命转入外线作战。先攻入关中东府，全歼了胡宗南最精锐的29军，击毙了军长刘勘。后移兵西府，使胡宗南完全陷入了被动。此后，西北野战军纵横驰骋，所向披靡，战无不胜，攻无不克。

在延安失守、大军进犯的情况下，毛泽东“留在陕北不走”的决定是英明的战略决策。（一）极大鼓舞了人心，增强了信心。（二）成功地吸引和牵制住蒋介石几十万机械化大军不得调动，减少了华中、华东、中原野战军的后顾之忧。（三）贯彻了中央军委关于“三军（刘邓、陈谢、陈粟）配合、两翼（陕北、胶东）牵制”的战略部署。确保刘邓大军千里跃进大别山，威慑军事重镇大武汉；支援陈赓部队胜利跨过黄河，进军豫西，震慑陇海、京汉铁路沿线之敌军。

随着西北野战军胜利转入外线，毛泽东和党中央坚持在陕甘宁边区斗争的历史任务圆满完成，1948年3月22日，将

习仲勋与乌兰夫、王维舟、马明方（自右至左）在延安。

要离开战斗了13年的陕北。习仲勋和林伯渠等领导与群众都赶来送行，送了一程又一程，恋恋不舍。

习仲勋回忆当时的情景：当天上午，晴空万里，惠风和畅，在黄河边宋家川的欢送会上，人山人海，激情满怀，毛泽东深情地说：

“陕北小米子我吃了十三年，实在不愿离开这个地方，但是为了全国的解放，我们又不得不离开。”

群众和领袖的心是心心相印的，怎么舍得自己的领袖离开呢？人们在喜悦中闪烁着晶莹的泪花，在留恋中抑制着难舍的心情，但想到更多苦难的同胞需要他，无数忍饥挨饿的父老兄弟需要他，未解放区的群众殷切地盼望他，全国人民需要他，只好怀着依依不舍的心情向毛泽东告别。

毛泽东和党中央离开陕北一年后，在1949年5月，中央军委将华北第18、19兵团调归第一野战军行列。在彭德怀领导下，一野兵强马壮，所向披靡，经过充分准备，组织了声势浩大、威震敌胆的兰州大会战，有力地消灭了国民党在西北的有生力量和盘踞西北多年的马家军。随即巧取西宁，顺利占领银川。对于国民党来说，兵败如山倒，对解放军而言，是秋风扫落叶，从此，国民党在西北的主力基本上被彻底打垮和肃清。

1949年秋，彭德怀率领第一野战军，以昂扬的军风、同仇敌忾的士气向新疆进军。毛泽东先派邓力群带电台进入伊犁地区，开辟第二条战线的斗争，后在全国的大好形势下，策划和动员张治中等民主人士，推动了陶峙岳、包尔汉的通电起义。由于大兵压境，内外夹攻，终于和平解放了新疆，使西北五省全部解放，为祖国在西北树立了坚固屏障。

从莽莽的长白山到郁郁葱葱的南粤，从流水潺潺的锦绣江南到雄伟壮丽的云贵高原，都解放了。全国解放了，延安光复了，人们不禁尽情高歌：

几回回梦里回延安
双手搂定宝塔山
千声万声呼唤你
母亲延安你在这里

人们越来越深切地感到在延安失守、大军进犯的情况下，毛泽东"留在陕北不走"的决定是英明的战略决策。这个伟大决定，是建立在三个坚实的基础上的：（一）对陕甘宁边区群众基础有极大的信心；（二）对彭德怀及其率领的西北野战军充满高度信任；（三）对习仲勋和西北局充分信赖。没有这些条件，他不可能也不会作出这个伟大的战略决策。

亲密友爱的指挥部

习仲勋和彭德怀在西北战场上，同心协力，并肩战斗，形成了一个坚强而亲密的战斗指挥部。彭德怀善于用兵打仗，习仲勋熟悉陕甘宁情况、和群众联系密切，两者结合，相辅相成，传为佳话。

陕甘宁边区经济比较落后，地广人稀，当年只有150万人。但人民有强烈的爱党爱边区的热忱。西北局和边区政府为配合部队作战，组织了3.7万人游击队，组织支前民兵8.4万人，确保了10多万人的生活用粮，有力地支援主力部队的前进，有效地支援了革命战争的需要。

当年担任西北局组织部长的马文瑞说：大力培养大批干部，满足西北及全国的需要，是西北局当时的另一个重要任务。为此，我们狠抓了干部教育，努力办好陕甘宁边区党校（后改为中央西北局党校），仲勋同志和我都先后任校长。我们办了“行政学院”、“民族学院”、“职业学校”、“医药学校”、新文字干部学校等专业学校，培养了大批行政干部和民族干部。我们还在各个分区办了师范和中学，初步形成了革命教育网络。西北党校和它的前身边区党校，从1937

年到1945年为西北培养了干部4200多人。边区的7所中学都设有地方干部班，先后共有53个，到1945年累计调出3000多人，充实了边区干部队伍，这是支援西北战争取得胜利的一项保证。

据统计，先后从边区抽调约1万名干部，从晋绥地区和晋南地区抽调约2000名干部（当时晋绥分局归西北局领导）。陕西、甘肃地下党出了一批干部。他们中大多数人艰苦奋斗，不辞劳苦，很快同新区人民结合，开创了新局面。

全力支援战争，是习仲勋当年发出的响亮口号，这里有一个鲜为人知的插曲。

1949年10月1日，当毛泽东和开国元勋们一步步登上天安门城楼，注视着第一面五星红旗冉冉升起的时候，第一野战军司令员彭德怀正指挥10万大军向新疆挺进。那是秋风料峭、“胡天八月即飞雪”的日子，部队进到嘉峪关后，即遇上了大雪纷飞的恶劣天气。

彭老总十万火急致电习仲勋，要求尽快提供数百辆卡车，运送进新疆的部队。习仲勋急彭总之急，想彭总之难，但他尚在西安，远水解不了近渴，立即想起他熟悉的国际友人路易·艾黎。艾黎在离嘉峪关不远的山丹县办了一所学校，其中也培养了汽车方面的人才，为此，还专门组建了一个汽车队。习仲勋向路易·艾黎请求支持，艾黎连夜把因怕国民党征用而拆解埋进荒野的10余辆汽车挖出重装，无偿提供给西进的大军。

这一方面反映了习仲勋对彭德怀的大力支持，同时展现了国际友人对中国革命的赤诚帮助。

彭德怀的年龄比习仲勋大，历史地位比习仲勋高，但两人相互尊重，相互学习，在渭河两岸，兰州城下，青海高原，嘉峪关外，长驱万里，亲如手足，共创了历史奇迹。

西北野战军副参谋长王政柱回忆：

> 彭总制定的作战计划，在交付军事会议讨论之前，总要先同仲勋同志交换意见；彭总草拟的命令、指示，在电台发报之前，总要先送仲勋同志推敲修改；收到中央发来的重要电文，彭总看后马上就去找仲勋同志，一块研究贯彻落实的方案。[①]

习仲勋多次说，彭总经验丰富，指挥有方，能征善战，和彭总在一起学习了很多宝贵经验，特别是指挥打大仗的

---

① 《习仲勋革命生涯》，第252页。

1948年5月26日至6月1日，西北野战军前委在洛川土基镇召开第二次扩大会议。图为习仲勋在会上讲话。

经验。

“二打榆林”时，攻城未克，其中重要原因之一是部队缺粮，造成士兵饿肚子，失掉战机，部队士兵多有怨言。彭德怀听后说：沙漠地区人民太穷，交通运输十分困难，这次失掉战机不大要紧，今后仗还是有打的，最后我们还是要消灭敌人的。这充分展示了对地方支前工作的理解和支持。

彭德怀有一次深有感触地对习仲勋说：

“我们合作共事，你帮了大忙，你和景范同志（原陕甘宁边区政府副主席，当时为野后勤司令）熟悉边区情况，使我集中精力考虑作战方面的问题。”

王政柱还回忆道：

> 仲勋同志在野战军行军作战紧张的战斗环境中，除了协助彭总负责作战指挥外，不顾疲劳，随时随地同边区人民保持密切联系。他们每到一个地方，住房还没找好就到群众中去了。不是找基层干部座谈，就是向群众作调查研究。宣传、动员、组织群众参战支前，坚持生产，克服困难，战胜敌人。……他们走到哪里，哪里就围着一大堆

人，男的、女的，老的、少的，都争着向他们反映情况。……“习书记担任着那么高的职务，却没有一点官架子，始终和群众打成一片。光这一点，也够我们好好学习的喽！”①

彭德怀说：“习仲勋同志是陕北老区的一位老同志，他与边区人民有着深厚的感情，同群众保持着密切的联系！”特别赞誉习仲勋：“他具有密切联系群众的好传统，值得大家学习！”②

习仲勋比彭德怀小15岁，他把彭当作“严师益友”，称彭是“德威兼备、智勇双全的将军”。

习仲勋说：彭德怀在极端困苦的条件下，坚决贯彻中央的战略决策，依靠人民群众的全力支援，依靠广大指战员的浴血奋战，依靠他钢铁般的意志和卓越的指挥才能，奇迹似的克敌制胜，为中国革命战争史写下了极其光辉的篇章。因而，西北战场艰苦卓绝的斗争，被人们誉为“威武雄壮的战争奇观”。

又说：

---

① 《习仲勋革命生涯》，第252页。

② 《习仲勋革命生涯》，第253页。

不管在什么情况下，都能沉着镇定，泰然处之。他总是冷静而清醒的，总是机警地让我军处于有利态势，不因为敌人强大而失去主动，不因条件困难而失去信心。他善于发挥我军的长处，利用敌人的弱点，使敌人犯错误从而听从他的指挥。①

使我永远难忘的是，蟠龙镇战斗之前，敌主力部队摆成长宽几十里的方阵，铺天盖地向北扑去。而我野战军指挥机关，就驻扎在这“方阵”当中的一个小山沟里。我们周围山头四面八方都有狂呼乱叫的敌人。大家都很紧张，人人都持枪在手。侦察员和参谋们不断送来十万火急的报告，我焦灼地在窑洞里来回走动。而彭总却若无其事地躺在我身边的炕上，聚精会神地思考着马上就要进行的战斗如何打。敌人刚从头顶上过去，他立刻跳下炕，率领我们向蟠龙镇扑去。“敌人向北，咱们向南，各办各的事噢！”正因为他这样把个人安危置之度外，正因为他把自己一颗忠贞的心交给了党和中国人民的革命事业，所以干部、战士和人民群众，都对他

① 《习仲勋文选》，第340页。

充满尊敬与信任，都深受鼓舞，因而能舍生忘死，前仆后继，克服了难以想象的艰难险阻，战胜强大的敌人。[①]

习仲勋还说：

“这位功在国家，德在人心的将军，总是把胜利归功于站在斗争第一线的人民战士。他自己铭刻在心里的座右铭是：学习劳动人民的正气、坚定勇敢和自我牺牲的精神。”

彭德怀最喜欢说的话，就是：“我们要像扫把一样供人民使用，而不要像泥菩萨一样让人民恭敬我们，称赞我们，抬高我们，害怕我们。菩萨看起来很威严、吓人，可是经不起一扫把打。扫把虽然是小物件，躺在屋角并不惹人注意，但是每一个家都离不了它。”[②]

1948年6月，西北野战军前委在黄龙山麓叫土基的地方召开扩大会议，总结西府战役经验教训。西北局常委、边区政府主席林伯渠在会上说：“彭德怀同志有德可怀，习仲勋同志年轻有为啊！”

1948年毛泽东同薄一波谈到习仲勋时，毛泽东说：他现

① 《习仲勋文选》，第341页。

② 《习仲勋文选》，第352页。

在已经是“炉火纯青”。

1983年，中央关于处理西北历史问题的五人小组向胡耀邦汇报时，耀邦说：习仲勋“处理问题很周全，留有余地，使我们的工作很主动”。

第六章

敢于讲真话、实话，坚持实事求是进行土地改革

1947年7月，西北野战军政委习仲勋，随军西击陇东，北收三边，征衣未洗，铠甲未卸，即被召去靖边县小河村参加中央会议，会后，毛泽东建议习仲勋回西北局抓土地改革。

实事求是是习仲勋一以贯之的精神，他在绥德地委会议上就纠正错误的审干运动时曾说："实事求是就是党性。"这次抓土改，他更是集中体现了实事求是的精神。

在土地改革中

1947年冬，人民解放军节节胜利，向全国发展，解放区农民兴起了轰轰烈烈的土地改革运动，未解放的人民热切渴望解放军到来和分配土地。为了发动千百万农民起来支援战争，此前7月至9月，中共中央由刘少奇在河北省平山县召开了全国土地会议，制定了《中国土地法大纲（草案）》，其核心就是平分土地。

这个政策具有强大的号召力和感染力，立即传遍全国，受到农民热烈欢迎，全国拥护。

但平分土地在老区和半老区却不符合实情。老区和半老区曾经过土地革命或减租减息，土地关系发生了重大变化，地主、富农占中国农村土地80%的情况已不存在，贫下中农因响应发展生产的号召，大部分上升为中农和富裕中农，中农已占农村人口的40%到50%。因此，如再平分土地，势必伤害中农，把他们分得的土地又被分出去了，这会犯原则性的错误。

习仲勋敏锐地觉察到问题的严重性，一方面致电毛泽东，反映实情，提出建议，同时组织机关干部在附近进行试

小河村会议后，习仲勋回后方主持西北局工作。图为担任西北局书记期间的习仲勋。

1947年，陕甘宁边区党政军负责同志合影。前排左起：林伯渠、贺龙、赵寿山、习仲勋、张邦英、曹力如；后排左起：王维舟、贾拓夫、杨明轩、马明方、马文瑞、霍维德。

1947年，习仲勋（左）与赵寿山在一起。

验，我被派到西北局所在地河对面，绥德县义和区黄家川进行试点。

黄家川试点

我们这个工作组在习仲勋、马文瑞直接领导下，进村后先挨家挨户进行访问，仔细了解土地关系和群众中的问题，切实倾听了群众心愿，他们几乎都不赞成平分土地。在充分发动群众的基础上组织反复酝酿、探讨，终于有36个贫下中农提出用调剂的办法解决问题。这就是：（一）抽出地主多余的土地；（二）拿出公地、荒地、绝户地；（三）修正过去分配不公和群众很有意见的地；（四）接受几户富裕中农“欢迎”（献出）的土地，分给缺地和地少的农民。

这个办法经过了分组讨论，全村公议，一致认为公道合理，全体通过。

调剂结果：（一）全村51%的户、49%的人口获得了利益，满足了28户贫雇农、8户中农的土地要求。（二）全村土地的分配大体上达到平均。如：地主、旧富农人均两垧，富裕中农两垧半，中农两垧一堆，贫雇农两垧又半堆。加上群众间相互调剂，促进了远近、好坏的搭配，连成一片。全体满意，赞

1948年，习仲勋（左三）与林伯渠（左四）、贺龙（左一）、王维舟（左六）、马明方（左二）、贾拓夫（左五）等在绥德。

声连连。(三)避免了运动中出现过火行为。

习仲勋和西北局领导，把这个经典的方式归纳为“抽肥补瘦，填平补齐”。

黄家川土地改革的经验，当时的《群众日报》，从工作组入村访问，启发群众酝酿、讨论，公平分配，到公布复审，逐一作了报道。新华广播电台也播放了黄家川的经验。

1948年2月22日，中共中央《关于在老区半老区进行土地改革工作与整党工作的指示》，对黄家川调剂土地的经验又作了介绍：

> 陕甘宁的一部分地区则经过了一九三七年以前的分地及一九四零年的归地。在这些地区，土地已经平分，封建制度已不存在……这类地区，应被认为土地已经平分，决无再行平分的必要。……绥德黄家川的典型经验，可以大致应用于这类地区。

这些详细报道的信息，引起了住在米脂县杨家沟的毛泽东的关切和注意。1948年3月12日，毛泽东用个人名义，以他特有的激扬的文笔，转发全国：

关于如何在农村中进行整党工作，我们有了晋察冀区平山县的典型经验（这是刘少奇同志总结的）。关于如何在老区调剂土地而不是平分土地（因为那里已经平分了）的工作，我们有了陕甘宁区绥德县黄家川的典型经验。现在又有了晋绥区崞县这样一个平分土地的经验（虽然不完全）。这三个经验，值得印成一个小册子，发给每个乡村的工作干部。这种叙述典型经验的小册子，比我们领导机关发出的决议案和指示文件，要生动丰富得多，能够使缺乏经验的同志们得到下手的方法，能够有力地击破在党内严重地存在着的反马列主义的命令主义和尾巴主义。各中央局、中央分局及前委的领导同志们，在对自己领导的各项重要工作发出决议或指示之后，应当注意收集和传播经过选择的典型性的经验，使自己领导的群众运动按照正确的路线向前发展。现在是成千万的人民群众依照党所指出的方向向着封建的买办的反动制度展开进攻的时候，领导者的责任，就是不但指出斗争的方向，规定斗争的任务，而且必须总结具体的经验，向群众迅速传播这些经验，使正确的获得推广，错误的不致重犯。

无疑，这是习仲勋实事求是精神在土改问题上的体现。

向毛泽东三次直谏

习仲勋实事求是的精神更体现在敢于讲真话，特别是在紧要关头的重要问题上，敢于讲真话，讲实话，敢于率直提建议，例如：

1947年11月，西北局为了传达和贯彻全国土地会议的精神，在所在地绥德县义和镇召开了干部大会（即“义合会议”），会议在西北局驻地对面的阳弯空地露天召开，有6400人参加，发言讲话的人比较多。一些人的发言，情绪激烈，言词偏激，有人提出坚持“贫雇农坐天下”，反对“中农路线”；对一些领导干部的批评，也有夸大事实和不实之词。加上当时《晋绥日报》刊登一些对地主“扫地出门”，“没收一切财产”，以及随意批斗、乱扣“帽子”、动辄打人的报道，还有的提出“村村点火，户户冒烟”，“群众要怎么办就怎么办”，以及“削、削、削，削尽土豪劣神，杀、杀、杀，杀尽贪官污吏”的极左口号。这种情绪和舆论无形中波及到陕甘宁边区，会后在边区子长、子洲县一些地方也出现了混乱现象，一些村落随便没收他人财产，这些问题陆续反映到了西北局。习仲勋一方面派人下去调查，同时找一些经常下乡的同志征求意见。由于都住在薛家渠民房内，我们也主动向他反映情况，有时太忙，就利用散步、吃饭的机会，交谈工作、互通信息。他掌握了第一手资料后，经过认真思考，遂于1948年1月4日、1月20日、3月12日，连续三次向毛泽东反映情况并提出意见。

习仲勋向毛泽东反映的问题主要是：（一）革命老区经过土地改革，阶级关系起了根本变化，不能再搞平分土地；因为拥有土地最多的是中农和富裕中农；（二）老区不能实行“贫农团领导一切”的方针，因为现在贫农成分复杂，多是因人口增加，经营不善或遭受灾害步入贫农行列，甚至有不务正业（吃喝嫖赌）者；（三）对老区的地富不可采用“扫地出门”的办法，因为他们已经参加至少7年劳动；（四）要解决中农负担过重的问题，不能损害中农的正当利益，伤害中农就意味着破坏农村经济；（五）坚持表彰和保护劳动致富，不应再算政治老账；（六）对恶霸应有明确的政策界定，不要搞无辜株连；（七）除投敌分子外，都采取感化和争取的政策；（八）老区土地应以调剂为主，结合土改发展生产。

习仲勋在致毛泽东的电报中，除直言不讳地提出上述

“不能”和“不应”、“不要”外，还尖锐指出：“‘左’的倾向，不要半个月就可以破坏的精光”，“这种‘左’的情绪不是群众原有的，而是干部带来的”。“如一般概念进行老区土改，必犯原则错误。”

毛泽东对习仲勋的三次报告，第一次时隔5天，第二、三次在收到报告的当天，分别于1月9日、1月20日、3月12日就做了回复，表示完全同意，并转发华北、华东各解放区，指示“有类似的情况应及时纠正”。

这三次报告，反映了习仲勋遵循实事求是的精神，敢于讲真话，讲实话，敢于直言，富有远见卓识。毛泽东及时回复，反映了他善于听取下面的呼声，善于采纳意见。

习仲勋的三次建议，与毛泽东后来《对晋绥日报编辑人员的谈话》不无关系；周恩来、任弼时在为中央起草1948年《关于土地问题的几点意见》时，对其也有明显的考虑。

三次报告还有两个特点：一是文风朴实无华，没有套话、空话，有的放矢；二是观点鲜明，对“左”的错误，抓住了要害，讲了真话和实话。

第七章

民族问题就是西北地区的实际

在全国革命形势急转，蒋家王朝分崩离析，人民解放军转入全面进攻，西北野战军解放大西北的光荣时刻即将到来时，人们欢欣鼓舞，兴高采烈，部队指战员沉浸在欢乐的海洋中，憧憬着尽快进入城市和西北高原，纵横驰骋，大刀阔斧，猛干一场。此时，习仲勋提出了极为重要的口号：

“民族问题就是西北地区的实际，西北的所有工作，如果脱离了民族问题，就是脱离了实际。”

西北面积辽阔，有339万平方公里，人口只有2305万人（当年有人计算，仅新疆面积约为160万平方公里，与面积只有10万平方公里的浙江相比，人口仅为浙江的1/12），而

1949年1月17日，习仲勋在西北野战军党的第一次代表会议上作报告。

1949年2月，陕甘宁边区参议会常驻议员、政府委员暨晋绥代表联席会议在延安召开。习仲勋在会上被推选为陕甘宁边区第三届参议会代议长。图为习仲勋（三排右六）与会议的其他代表合影。

且有回、蒙、藏、维、哈、东乡、撒拉、保安、土族等24个少数民族。

宗教分布也很复杂，有伊斯兰教、佛教、道教、基督教。伊斯兰教内又有20多个教派。各民族间信仰也各不相同，有的民族信仰多种宗教，有的则是全民族信仰一种宗教，还实行“政教合一”。

各民族的社会发展也很不平衡，甚至在一个民族内也不平衡。有的少数民族内保留着封建领主制，有的还保留着原始部落制。

这就决定了新中国成立之初，民族宗教工作在西北的复杂性、重要性、艰巨性，特别是政策性强，稍有不慎，考虑不周就会出纰漏。

毛泽东说：“西北少了一个工业，多了一个民族问题。”

因此，中央一再强调对少数民族，要采取慎重稳进的方针。

要抓住“牛鼻子”

习仲勋当时看到西北问题的主要矛盾是民族问题，解决好民族问题，就抓住了西北的“牛鼻子”。而民族矛盾中

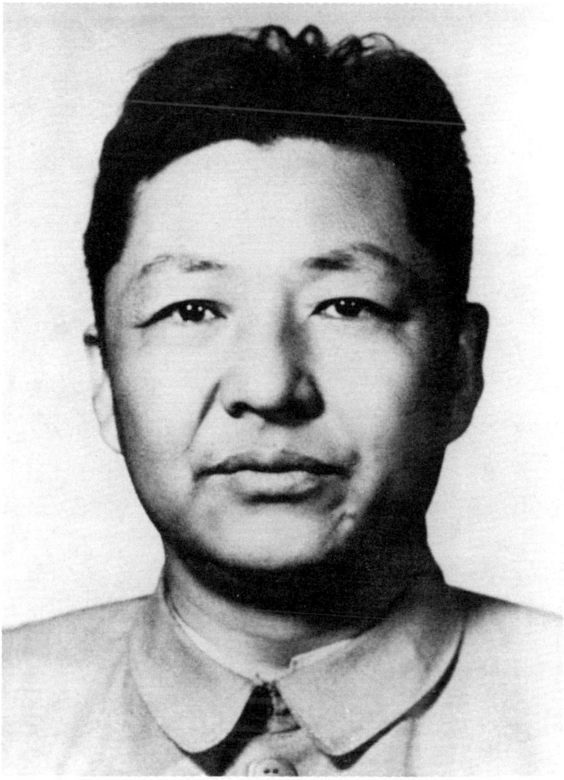

1949年6月8日，为了统一西北党政军的领导，党中央决定组成新的西北局。彭德怀、贺龙分任第一、第二书记，习仲勋任第三书记。

西安解放后，面对国民党反动势力的反扑，1949年6月，西安各界召开保卫西安动员大会。图为习仲勋作动员报告。

1949年七八月间，以西安为中心的城乡接管工作基本完成，各项民主改革和经济建设工作陆续展开。图为1949年6月，习仲勋（前右）与贺龙（前中）、李井泉（前左）、廖汉生（二排左二）等西北军区及第一野战军所属部队部分领导在西安合影。

的主要方面是宗教界的上层人士。为此，他规定了五个工作要点：

（一）先做好争取各民族上层宗教人士的统一战线工作，在做好这项工作基础上再进行民主改革。

（二）要在干部和部队中开展民族宗教政策的教育活动，要针对大汉族主义、地方民族主义的倾向，进行反对大汉族主义、反对地方民族主义的教育。

（三）建立政权，要由下而上，由小而大，逐步推行。先从民族乡开始，再到区、县、州以及自治区。条件成熟一个，成立一个，稳步前进，绝不勉强进行，更不能越俎代庖。依据这个方针，1955年先成立了新疆维吾尔自治区，以后成立了宁夏回族自治区。

牧区暂时不宣传土改，也不提反霸，只提保护畜牧业。

（四）军队发布了严格遵守各民族风俗习惯的政策规定，普遍进行了尊重少数民族风俗习惯的教育。一些纵队或师部还制定了必须执行的守则。

（五）在少数民族区域进行剿匪时，都要先防御，后进攻；先分化，后打击；先争取，后进剿。实行剿抚结合。

据统计，从1950年1月至1952年春，共消灭土匪7万多人，顺利解决了敌特武装，打垮了甘宁青三省的马家军残部。许多老同志认为，由于习仲勋抓住了民族问题的核心，创造性地把复杂的西北地区的主要矛盾层层解开，各个击破，逐一解决，发展了西北的革命形势。

习仲勋当年兼任西北局统战部长，为了贯彻执行民族政策，以身作则，带头做争取、团结工作。在甘肃，他团结了邓宝珊、蒋云台、黄正清、马辅臣、马全钦等；在宁夏、青海，团结了马鸿宾、喜饶嘉措；在陕西，团结了张凤翙、韩兆鹗、孙蔚如、马平甫；在新疆，团结了陶峙岳、包尔汉以及“三区”革命的力量。特别是他十分注意团结和帮助了时居青海的十世班禅大师，更显示了具有远见卓识。

这些人大都和他开诚布公，肝胆相照，做了共产党的朋友，为新中国办了好多不可替代的事情。

要了解西北民族问题的复杂性、重要性，还必须了解历史上的民族矛盾。特别是宁夏地区、甘肃临夏地区，是回汉矛盾的一个特殊区域。马安良、马福祥、马麒、马麟、马步青、马步芳、马鸿逵、马鸿宾、马虎山和金树仁等都出生在这里，曾先后和汉族发生过争斗，甚至激烈的械斗，还被镇压过。

习仲勋很重视历史教训，明确指出，那里的政策，最主要的是集中力量，只斗争群众最痛恨的完全孤立的恶霸地主，争取多数，打击少数，把打击面缩小到最小限度。

1950年1月19日，西北军政委员会成立，统一领导陕、甘、宁、青、新五省和西安市人民政府的工作。彭德怀任主席，习仲勋等任副主席。图为西北军政委员会成立时全体成员合影。

各族代表向西北军政委员会成立大会献旗。左四起：张治中、彭德怀、习仲勋。

习仲勋等在西北军政委员会第二次会议上。前排左起：习仲勋、贾拓夫、张治中、彭德怀。

习仲勋向西北局及陕西省、西安市的干部作学习报告。

两个不能变

鉴于处理民族问题的艰巨性，习仲勋郑重提出，民族地区的土改必须有两个不能改变："就其全过程而言，必须充分发动群众，这是不能改变的；又必须以促进和加强民族团结为主题，这也是不能改变的。"

例如：

1952年中央曾批准宁夏和甘肃合并，蒙古族阿拉善旗宗教上层人士便带头闹事，发生了违法行为。甘肃省一位原领导提出要逮捕该旗300多名上层人士，另一些人反对这种做法。双方僵持不下，省委书记杨和亭感到没有把握，便请示西北局，习仲勋迅即明确电复："只能加强教育和进行政治争取，一个也不能抓。"

再如：

青海、甘南藏族领袖、西北军政委员会委员黄正清回忆说：

1950年3月，我奉命到西安参加西北军政委员会会议，……在这次会议上，我提出两个问题：一是由于刚解放，牧区比较落后，人民群众习惯使用银元宝和银圆，不相信纸币，如果马上发行纸币，恐怕行不通；二是牧民为防野兽、防盗，家家都购置枪支，有的一杆枪用三四百银圆买的。枪就是他们家的生命，如果现在宣布收枪，会引起牧民群众的紧张不满，这样不利于稳定局面。我提这两个问题时，不少人都为我捏了一把汗，认为这些话是不敢讲的。……没想到彭总和习仲勋同志听了非常高兴，认为这些情况很重要。军政委员会立即通知银行，在牧区仍暂时流通硬币，并宣布在牧区也不马上收缴枪支。①

这件事，不但获得了广大牧民的拥护，而且体现了习仲勋善纳雅言，倾听民众呼声，积极慎重执行民族政策的精神。

要讲策略

为争取、团结、教育宁夏、甘肃回族上层人士马全钦、

① 《习仲勋革命生涯》，第301—302页。

马辅臣，习仲勋于1952年亲自发给甘肃省委书记张德生两封电报，具体而务实地阐述了民族政策。

德生同志：

此次临夏土改中，主动地照顾了一些解放后与我合作的回民上层分子，这样做得很好。他们均表满意和感激，唯马全钦近日来信称，临夏专署转给他的电报说："人民要求他赔偿贰拾多亿，确感到困难，希能在其可能范围内，从宽处理。"实情是否如此？他的赔偿能力究竟如何？望加研究。我的意见对这人仍需主动照顾，应以赔偿群众后生活尚可维持为原则，不然过重打击，对我不利。请考虑酌办并转和亭同志。

习仲勋二月十八日

德生同志并转省委：

马辅臣是回族上层人士，解放前罪恶很多，民愤极大，但解放后一直与我合作，并为我政府重要官员。因此，在土改中对他必须采取坚决保护政策，多向群众做解释工作。马本人亦以不回临夏与群众直接见面为宜，如群众要来控诉，可采取缺席控诉办法。否则，马辅臣在群众会上下不了台，我们在政治亦将陷入被动。但同时须说服马本人，以适当方式向群众老老实实地低头认错，并酌情赔偿群众损失，以平民愤，否则，我们将会脱离群众，政治上亦将陷于被动。马辅臣已于本月二十三日回兰，希望你们能与邓宝珊等党外民主人士多加商量，争取经过他们去说服马辅臣，必要时再由你们出面讲话，以便妥善解决这一问题。

西北局　一月二十五日

习仲勋一生中特别是后期，对党的民族统战工作，提出很多有创造性的政策和策略，是马克思列宁主义和毛泽东思想与实际结合的产物，也是他的贡献，很值得我们学习。曾任全国政协主席的李瑞环曾说，李维汉和习仲勋关于民族统战工作方面的讲话和著作，是我们当今民族统战工作的法宝。

第八章

以统战法宝机智解开民族问题的难题

1952年5月，习仲勋在主持西北局工作期间，为了争取团结众多的民族宗教人士，为民族宗教地区的土地改革减少阻力，增加助力，他在向中央的报告中，提出了“联合封建反封建”的著名观点。即先做好争取团结民族宗教上层人士的工作，然后再去发动群众进行改革，即用“和平些”和某些必要的妥协，去换取发动群众的较好条件。“保存一部分封建，搞掉大部分封建。”

这是习仲勋贯彻毛泽东统一战线思想在少数民族地区的具体运用，也是他对民族政策的丰富和发展。

新中国成立之前，西北少数民族地区，不但有全民信

在习仲勋等领导下，西北局的各项工作开展得井然有序、富有成效。图为1951年2月20日，习仲勋在中央人民政府委员会第十一次会议上汇报西北地区工作情况。

教，而且实行政教合一。其头人既是宗教首领，又是行政长官，还是军队的指挥官，一身任三职，机构设置也是三者合一。

解放前的漫长岁月中，汉族与少数民族的统治阶级曾有过程度不同的冲突、断交和兵刃相加，因而存在着隔阂，帝国主义和国民党又乘机挑拨离间，少数民族对共产党有很多疑虑和怀疑。

在这些地区如何立脚，怎样开始工作，怎样取得群众信任、支持和理解，是当时紧迫的课题。习仲勋和西北局经过多次研究，决定必须首先争取他们中的开明人士，使他们赞成我们或不反对我们，至少先持中立态度。为达此目的，需要对这些人实行必要的让步政策，采取必要的妥协去“换取和平”，换取发动群众的较好条件，用“和平形式”进行改革。这就是习仲勋“保存一部分封建，搞掉大部分封建”的内涵。

这个有创造性的观点，得到了党中央和毛泽东的赞赏。

习仲勋这个政策的贯彻，有三件事最为成功。

1951年国庆节，习仲勋在西安检阅游行队伍。

起用黄正清，顺利解决甘南叛乱

黄正清，1903年3月出生于四川省甘孜藏族自治州理塘县，自幼学习和传播藏学佛经，为甘肃、青海的藏族领袖。曾任国民党政府军事参议院少将、国民党候补中央执委、国民大会代表。在解放战争的前夕起义，投向革命。

招降纳叛，封官许愿，是蒋介石的一贯伎俩。就在黄正清起义之后，蒋介石以蒋中正的名义派人送给黄正清一枚关防卡，委任黄正清为甘南“守备司令”。习仲勋为了做好民族工作，主动和黄正清交上了朋友。新中国成立之初，习仲勋、西北局对黄正清就委以重任，让他担任甘肃省农业厅副厅长、西北民委副主任等要职，充分发挥他在西北少数民族中，特别是在藏族群众中的影响。黄正清也经常深入民族地区视察、调查，了解社情民意，在宣传贯彻党的民族政策、加强民族团结等方面做了大量的工作。

1952年夏天，甘南军区部队在阿木去乎和甲尕滩开荒种地，引起寺院和当地部落的反对。他们纠集了藏族武装，愤怒地与我军对峙。省政府决定修建阿木去乎到朗木寺的公路，又遭到当地居民反对，也与解放军处于对峙状态。在这危急的时刻，习仲勋委任黄正清为甘肃藏区访问团的总团长。

黄正清率访问团到夏河后，先把各部落头人、寺院代表请来，对他们说：

“如今人民政府和解放军讲民族平等，宗教信仰自由，各民族团结一致共同建设新中国。如果你们有意见可以提出来研究解决，搞武装对峙是错误的，要动武那就更不允许了。”

后来，阿木去乎的头人派代表来，黄正清又进行了说服教育工作：

“现在西北军政委员会委托我来和你们讲政策，和谈解决。第一，解散集结的藏兵，统统回家放牧耕田；第二，修阿朗公路是为改善藏区交通，为我们办好事的，一定要修筑，不准阻挡；第三，跑到马匪那边去的人，统统叫回来，一律不追究，宽大处理。三件事，你们听我的话就照办，不听者，后果自负。”①

接着，黄正清又把西仓、双岔两部落的头人和代表请来，也郑重地向他们重申了三个条件：

（一）要服从共产党的领导，听人民政府的话；

① 《习仲勋革命生涯》，第306页。

（二）集结的藏兵解散归农，支持阿朗公路修筑；

（三）与马良股匪划清界限。

正是由于黄正清的工作，不久，阿朗公路顺利开工了，甘南70多家藏族群众跟马良股匪跑的人，听说“阿巴阿洛（黄正清）来谈判和解”，都纷纷携带枪支弹药和马匹跑回来投诚。政府即按先定的协议发给他们投诚证书，枪支也不收缴，让他们回家安心生产。头人赛拉次成姆也跑回来了，让他当了阿木去乎的乡长。[1]

经过黄正清等人半年多的细致工作，从头人到僧俗，全部接受了“协议”，甘南人心安定了，广大群众与马匪划清了界限。

瓦解马良股匪

1952年春，临夏股匪马良聚众作乱，危害人民。解放前马良是临夏县参议长，解放后他纠集国民党残部和流氓惯匪，在甘、川、青藏族地带继续与人民为敌，台湾方面也用飞机给他空投物资，他反动气焰十分嚣张。

习仲勋知人善用，请黄正清参加剿匪工作，任黄正清

① 《习仲勋革命生涯》，第307页。

为副司令员，随军进剿，还送给他一支勃克小手枪，说："带上它，好护身。"并勉励他说："你上次去甘南工作很成功，取得了很大成绩，这次去要大胆工作，发挥你的作用。""我们共事几年了，十分了解你，相信你，不要有什么顾虑。"

黄正清十分感动，觉得习仲勋很信任他，认为习仲勋给他赠送手枪是最高礼遇，欢喜之情溢于言表，便兴高采烈地奔赴剿匪前线。黄正清到甘南后，征得总指挥部的同意，借拉卜楞寺在甘、川、青边界藏区的宗教影响，把四川的若尔盖、阿坝地区，甘南地区，海南一带（青海部分地区）的部落头人及各方面的代表，请到夏河拉卜楞寺来。先把西北军政委员会送来的礼品和毛主席像送给大家，然后对他们讲明这次进剿的方针和政策。

黄正清指出：

"全国解放后，共产党领导各族人民建设新中国，但是，马良土匪继续与人民为敌，那是死路一条，大家千万不要上当受骗，接受马良钱物和枪支弹药的当然不对，勾结入伙的更是错上加错。我们请大家来，就是要讲清楚现在要与马匪脱离关系，寺院和部落帐房不准马匪的人进入，彻底划清界限，回到解放军和人民政府一边，不管是寺院、部落头人或群众，我们都不予追究。”[1]

黄正清讲完后，大家一致拥护党的政策。

当时，马良股匪虽有1000多人，但经不起我们的政治攻势和解放军的英勇打击，大部分当了俘虏，马良父子和副官当场跑了，后来从距离100公里的大山洞里找到。到此，这次剿匪获得了胜利，先后在朗木寺和夏河召开两次庆祝大会，安定了民心，巩固了政权。

习仲勋放手起用黄正清，黄正清起了别人起不到的作用，后来他担任了甘肃省副省长、全国政协常委、甘肃省政协副主席等职，1955年被授予中国人民解放军少将军衔。

“七擒”项谦

启用佛教大师喜饶嘉措，协助青海省昂拉部落第十二代千户项谦投诚，是习仲勋在西北成功解决民族问题的又一典型。

在青海大草原上，黄河上游西岸，有一处山高林深的险要之处，名曰“尖扎堆”，这里居住着遥远的吐蕃王朝赤热

① 《习仲勋革命生涯》，第308—309页。

巴坚的后代昂拉部落。

公元1657年，大清王朝顺治皇帝册封其后代为“昂拉千户”。这个世袭相传的千户，传到新中国成立前夕，被称为“十二代千户——项谦”。

解放前，这个世袭部落实行着“政教合一”的制度，下辖8个庄子，7座喇嘛寺院，每个庄子七八个“百户”，约8000人。项谦把自己的亲属“分封”为各个庄子的喇嘛教的活佛、管家，本人掌握神权、族权、政权，在部落中具有至高无上的权威。

青海省军阀马步芳，曾多次派兵侵扰昂拉部落，但项谦及其部落继承了吐蕃王族勇敢善战的血统，凭借险要的地形和强悍的武力反抗，使马步芳派来的精兵强将多次碰上硬钉子，铩羽而归，不敢再犯秋毫。从此，他以“名门之后”盘踞昂拉为王。

1949年底，青海的昂拉部落还处于封闭状态，十二代千户项谦不明世情，纠集马步芳步兵第100师和骑兵第14旅的残余势力，组织“反共救国军第二军”，发动叛乱，践踏人民，牧民群众一直要求进剿。

习仲勋认为这场斗争很重要，他从战略的角度明确提出：

正确解决这次叛乱，解决好昂拉问题，不仅对解放昂拉藏族同胞关系极大，而且对共产党在青海及其他藏区和少数民族地区站稳脚跟，建立人民民主政权，顺利开展工作关系极大，甚至对甘、川、康藏区，乃至西藏也会产生大的影响。

同时，他要省委启用佛教大师喜饶嘉措，班禅行辕的藏族著名人士去做工作。青海省委统战部长周仁山，奉命和喜饶嘉措等50多人深入虎穴（仅喜饶嘉措就去了3次），先后与项谦代表谈判17次，历经两年七个月，但成效不大。有些同志产生了急于进剿的情绪，习仲勋立即电告："绝不能打，万万不可擅自兴兵，只有政治瓦解无效以后，才能考虑军事进剿。"

1950年8月，项谦来西宁投诚，向人民政府表示了"悔悟"，但是，回到昂拉，又背信食言，干部十分厌恶。

1951年9月，对项谦第八次政治争取失败后，人们义愤填膺。在青海省各族各界代表会议上，代表们坚决要求政府"出兵进剿昂拉"。

习仲勋当即复电：应当再仔细征求喜饶嘉措和班禅行辕等人的意见，"我们的争取工作还有哪些不够？所做的事是否适当？如果我们的功夫不到，先不说军事上打不好，就是让他流窜到别处，那会给国家增加更多的困难。”

1952年5月3日，全省的平叛战斗结束，项谦出逃隐藏在南乎加森林里，有些同志再次提出争取项谦的可能性不大，也没有什么价值。习仲勋立即电告省委书记张仲良：

“争取项谦归来的可能性仍是很大的。请尽快派出项谦信任的人员向他表示：只要他向政府投诚，我们对他负责到底；项谦若派人试探，不管真诚与否，我们均以诚相待，以恩感化。”

经过反复细致的争取工作，1952年7月项谦终于从森林走出投诚，8月11日到兰州负荆请罪，向习仲勋献上哈达，并说：“习书记救了我一命，也救了成千上万的藏族同胞，不然的话，将要多少人头落地。”

事后，毛泽东见到习仲勋时说：“仲勋，你真厉害，诸葛亮七擒孟获，你比诸葛亮还厉害。”

习仲勋还注意西北局在执行民族政策中存在问题的解决，1952年3月10日，他在西北局召开统战民族会议上有个讲话，参加这次会议的临夏地委书记马青年是这样记载的：

“我们在执行统战政策中，也存在很多的问题，只团结不斗争，或只斗争不联合，今天大家存在最主要问题还是联合不够，表现在有些人该联合的还没联合，把人家放在统战圈子之外。毛主席说：自然你要打一批，就要联合一批，您不联合他，他要找出路，就要去找反革命分子，和反革命分子搞在一起，您要联合他就得要去工作，要改造这个圈子，先教育他。”

习仲勋还说：

“对上层要有分析，区别的对待。他们中有进步的、中间的、落后的、反动的，不加分析不区别研究对待，团结他们的工作也做不好。笼统对待是错误的。我们在相当长的时期内，各少数民族地区的统战工作就是和封建分子打交道的。”

西北局副书记马文瑞对取得的成绩作了必要的补充：

“西北局有一个得天独厚的条件，就是靠近中央，经常能获得中央的指导和帮助。中央讨论西北的工作问题时，经常吸收西北局的常委参加。中央指定任弼时同志分管西北局工作，西北局一些重要会议他都出席。西北局制定一些重要文件可以得到中央的及时指导和帮助。有时西北局对中央的指示提出某些变通办法，能及时得到中央的认可，这对陕甘宁边区党的建设和革命事业的发展是十分有意义的。”①

① 《习仲勋革命生涯》，第164页。

第九章

善处逆境　宽容厚德

革命是伟大的光荣的，但同时又是艰巨而复杂的，革命的道路总是曲折的复杂的，像一条川流不息的长河，时而流经平川，风平浪静，时而穿越峡谷悬崖，声若雷吼，特别是在早期的革命斗争中，一帆风顺是不可能的。

习仲勋光荣的一生，对革命作出了辉煌的贡献，但也遭受了不同寻常的坎坷和挫折。

我认识仲勋同志是在抗日战争初期，先是从曾在陕甘边红26军经济处长（即后勤部长）刘约三口中知道他和刘志丹蒙冤入狱的情景。刘约三和我是党校同学，介绍我认识了仲勋同志。此后，我一直直接或间接在仲勋同志领导下工作，学习了他善处逆境、宽容厚德的品质。

胸怀宽广，不计前嫌

1942年10月19日至1943年1月14日，在边区政府大礼堂召开了西北局高干会议，出席会议的边区县团级以上干部、中央机关各部门领导、中央高级学习组的成员共300多人，中央党校一、二部学员列席。

会议是毛泽东主席领导的，他参加了开幕式和闭幕式，并作了重要讲话。刘少奇、朱德、周恩来、任弼时、陈云、贺龙、林伯渠、陈正人、谭政等同志作了专题报告。彭真、叶剑英、聂荣臻、吴玉章、徐特立等同志分别讲了话，高岗作了总结发言。为了加强领导，任弼时驻会指导。

会议最初准备解决边区的财政问题，由于接受边区干部的要求，用相当多的时间讨论了1935年陕北错误肃反，因此，会议的主要成就是总结了党的历史经验，批判了过去王明“左”倾错误造成的危害，认真总结了历史经验。

由于王明的“左”倾错误，1935年在陕北造成的危害十分严重，200多人曾遭错杀，陕甘边的红军和苏维埃主要领导，被肆意扣上“右派反革命”、“左倾机会主义分子”逮捕、关押,准备处决,在这千钧一发的时候,多亏毛泽东和中央红军到达,挽救了严重危机。因此,大会上不仅受害的同志义愤填膺、怒不可遏,参加会的其他同志都愤怒不平,慷慨激昂。一次,在群情激奋时,人们纷纷起立,都站在凳子上,有人高呼口号,要求惩办凶手,偿还人命。我作记录,也激动得手抖个不停。最后,毛泽东说了话,大家才平静下来。

但习仲勋的表现却与众不同,他沉着冷静,心平气和,慢条斯理地摆事实、讲道理,时不时说一句幽默的话,引起哄堂大笑。

习仲勋在1942年西北局高干会上发言道:

"阎家洼子会议大概是阳历7月前后召开的,我也是参加那个会议的一个,许多情形都了解。洪涛同志来的时候,就是钦差大臣的派头,当时我确实也是马马虎虎,不知他是中央的代表,还是北方局的代表,介绍信我也没有看。在那个会上我很拘束,过去我不爱说话,一说话面孔就红。我在这次会议上讲话很少,当时我还是主席团成员之一,也不知争论了一些什么问题,我只就照金苏区、武子苏区讲了一些意见,讲的不很多。在会议后,洪涛同志便根据这个东西,写了一篇《二十六军长期斗争的主要经验教训》一文。他主要批评陕甘边党和红二十六军主要领导者刘志丹同志是'右倾

1950年，习仲勋在批阅文件。

西北五省和西安市部分领导合影。前排左起：贾拓夫、张德生、习仲勋、马明方、杨明轩、马文瑞，后排左起：王恩茂、张稼夫、黄植、汪锋、王世泰、张仲良、李景林、赵伯平。

机会主义’、‘逃避路线’、‘串山林主义’、‘枪杆主义’。我们大家想想，在那个时候，谁不愿意在一个大平原上建立一个根据地？省得上坡、下坡。”（众笑）

这个具有重要历史意义的会议开了88天，历时将近3个月。陕甘宁代表有46人发言，其他代表有24人讲话。与会同志通过会议，提高了对马列主义党内路线斗争的认识，通过开展批评和自我批评，提高了党性。通过聆听中央领导同志讲话，提高了革命自觉性，调动了积极性。会后在全边区开展了大生产运动，促进了文教事业蓬勃发展，建立了“三三制”的民主政权，使陕甘宁边区成为抗日民主的模范根据地，为后来的自卫战争的胜利奠定了物质和精神基础。

高干会议召开期间，中央通过的《关于一九三五年陕北（包括陕甘边及陕北）“肃反”问题重新审查的决定》，正确分清了路线是非，指出刘志丹等同志坚持的政治路线和立场是正确的。这对一些人又是一种考验。有的人从此背上包袱，骄傲了。但习仲勋却不同，他更加谦虚、谨慎了。在后来几十年革命生涯中，他始终把成绩归功于党中央和毛主席，归功于老一辈革命家和人民。坚持说：自己只走了井冈山道路，尊重实际，践行了实际。

他在《回忆陕甘边区革命根据地》中写道：

“陕甘边根据地的革命斗争，是全国革命斗争的一个组成部分，它的形成和发展的历史，与全国各个根据地一样有着共同的发展规律，这就是以马列主义、毛泽东思想为指导，坚持走井冈山的道路。”

团结为重，不理流言

1953年高岗问题发生后，在北京饭店召开西北问题座谈会，中央书记处一办派我去作记录、写简报。会上主要是提问习仲勋与高岗的关系。会议主席先后换了三次（彭德怀、贺龙、马明方），但都很民主，让大家畅所欲言。会上也很关注实事求是的精神，这次会先后虽开了十多天，但并没有作出习仲勋与高岗有什么政治关系的结论，而习仲勋一直是落落大方，不卑不亢。符合实际的，他承担责任，不是事实的，他冷静回答，耐心解释，直到提问者满意为止。每次散会时，他还当众叮咛几句：“何载，关于某一事情，应是怎样，不是怎样，请记清楚。”他对高岗的问题始终坚持实事求是，一是一，二是二，不追风，不偏袒，充分表现了共产党人的崇高品德。使列席会议和作记录的受到一次深刻教育。

1951年到1952年，西北地区顺利完成了土地改革，特别是少数民族地区，在群众自愿的基础上，也稳妥地进行了土改，使国民经济明显上升，这是难能可贵的成绩。但是，到了1962年，习仲勋被打成“反党分子”、“彭高习反党集团”时，有人借机提出“西北的土地改革不彻底”，“民主革命不彻底”，执行了“右倾机会主义”路线。而且在以后的“社会主义教育运动”中，在陕西关中地区进行大范围的“民主革命补课”，竟然在新中国成立15年后，推行所谓的给“漏网地富”补划阶级成分，极其荒唐地把许多贫雇农当成“漏网地富”，而且把一些革命老干部和烈士因家中无劳力，请人代耕少量土地者，也划为“漏网地富”。据统计，仅关中20多个县就补划了5.8万多户地富，在农村造成了严重的混乱，挫伤了基本群众的感情。直到党的十一届三中全会后，关中地区的村、乡、县经过认真复查，发现“漏网地富”几乎全属错划，按照党在农村的政策，予以彻底平反，恢复他们原来的阶级成分。

1981年我参加了西北调查，回来汇报时，顺便也谈到此事，习仲勋说：“过去的事情过去了，团结起来向前看。”

“文化大革命”中有人向习仲勋调查60年代被整的事时，他一笑了之，说：“那是过去的事，与当时的客观形势有关，不必责怪他们。”

据秘书范民新说，整他的人遇到困难时，习仲勋还是热忱帮助解决，前来求见时，他仍然热情接待和交谈，好像什么事都没有发生过一样。

冷静沉着，善于等待

1956年，工人出版社约请刘志丹的弟媳李建彤创作了一部描写刘志丹革命生平的长篇小说。作者经过长期调查研究，于1962年夏，写出了小说《刘志丹》的第5稿，工人出版社印出样书，送请有关领导和中宣部审查。同时，《工人日报》、《中国青年报》开始连载该书部分章节。当初，有人赞同，有人反对。

时任云南省委书记的阎红彦认为：这部小说涉及西北历史问题，“很多原则性的问题与历史不符”，不同意出版。他一方面向全国总工会、团中央提出停止刊载，同时写信报告了康生和中央办公厅主任杨尚昆。

康生得知这个情况后，一方面立即要中宣部通知各报刊不得发表《刘志丹》，并要中央书记处以包庇的罪名，“进行批斗”。同时，在1962年9月24日至27日中共八届十中全会上提出习仲勋“利用小说反党”。肆意编造小说《刘志丹》是习仲勋主持的，是为高岗翻案，美化自己。习仲勋向中央写一封信，声明小说不是他主持的，康生恼羞成怒，又在会上诬陷习仲勋是“大阴谋家”、“大野心家”。习仲勋不服，据理力争，9月27日，中央成立了习仲勋专案审查委员会，由康生负责。这一审，就是16年。

事实是：

1956年，工人出版社约李建彤撰写《刘志丹》小说，开始，习仲勋并不知道。

1959年春，李建彤写出了《刘志丹》第3稿后，送给习仲勋审阅（习当时分管文教工作），习仲勋翻看了前面几页以后，当即对李建彤说：写这样大部头的小说可不是闹着玩的，牵扯的问题很多，特别是涉及有关西北党史上的一些问题，处理不好，会引起意见纠纷。如果写一些片段回忆，岂不更好！

李建彤不同意习仲勋的意见，随后，习仲勋又对刘景范说：“你最好劝说李建彤不要写《刘志丹》小说，你是刘志丹的弟弟，她是你的爱人……”

又说：“高岗反党，变坏了，写这样一部小说，不涉及他是很难的。我很犯愁，难道你就没有顾虑吗？”刘景范答应回去劝说李建彤，但李建彤仍坚持自己的意见。

1952年（前排左起）习仲勋、李建彤、刘景范、张经武、马文瑞；（后排左起）方仲如、张稼夫、赵伯平、贾拓夫、张锋伯合影。

1960年，习仲勋又接到李建彤来信要求支持她脱产修改小说，同时又听到中宣部负责同志赞扬她的创作，刘志丹的老战友马锡五也多次劝习仲勋支持写刘志丹小说，习仲勋觉得可以一起谈谈，于是这年春末，习仲勋两次约李建彤、马锡五和工人出版社两位编辑，座谈《刘志丹》小说。

在会上认真听取了他们的意见后，习仲勋主要是强调写书“为了教育青年一代”，通过刘志丹这个革命领袖人物，写西北革命，写整个一个时代，写毛主席领导革命的正确思想，没有这些就是没有写好。

又说：要根据西北党史把陕甘苏区写成是坚持执行正确路线的缩影，坚持毛泽东思想的缩影。

座谈会后，李建彤又回到陕甘宁革命根据地，深入生活，访问了很多当年的老红军、老赤卫队员和农会会员，进一步查阅了史料，1961年春，李建彤又送来了第4稿。习仲勋因工作忙，顾不上看，就委托秘书看了一遍。到了1962年夏，李建彤写成《刘志丹》第5稿，同时在《工人日报》、《光明日报》、《中国青年报》上发表小说的部分章节，于是就发生了所谓习仲勋利用小说《刘志丹》反党的冤案。

在那个把阶级斗争绝对化的年代，高天滚滚寒流急的岁月，专案组在康生操纵下，给习仲勋的罪名为：先是推定小说《刘志丹》是习仲勋“反党纲领”，习仲勋是“主谋”，是“第一作者”。再是硬说小说中塑造的罗炎和许钟两个人物，就是高岗和习仲勋，因而小说是为“高岗翻案”。后又任意胡说小说中把陕甘根据地说成“中国革命的中心和正统”，贬低和否定了毛主席的地位。

习仲勋不承认这些捏造的罪名，就被定为“继续反党”。之后，刘景范、李建彤等一些人被打为“反党集团”。

蒙冤16年的习仲勋，一直采取沉默的态度，直到1979年1月8日为纪念周恩来逝世三周年，才在悼文中简单地讲了经过。

> 这真是晴天霹雳，令人百思不得其解。李建彤同志要写长篇小说《刘志丹》，我是知道的。我对刘景范同志劝说过多次，希望不要写《刘志丹》小说，我对李建彤同志也表示“写对刘志丹同志的革命回忆录我是同意的。”后来，我听到中央宣传部有位负责同志赞扬她的创作。志丹同志的老战友马锡五同志也多次劝我支持写小说《刘志丹》，刘景范同志还对我说：“陕北的领导干部死的死，坏的坏，《刘志丹》这本书，你不支持谁支持？”我因此改变了原来的态度，表示你们一定要出版也可以嘛。我并没有向

出版社讲过什么意见。在作者多次催促之下，我也只是粗略地翻了一下小说的初稿，而且还没有看完，后来发表的那些章节，我根本没有看。事情的简单经过就是这样。①

红日终于照亮了西北高原。1979年7月14日，中央组织部向中央呈报《关于为小说〈刘志丹〉平反的报告》，8月4日，中共中央批转了中央组织部关于为小说《刘志丹》平反的文件，习仲勋因小说《刘志丹》而蒙受的冤案彻底平反，因小说《刘志丹》案受到迫害、诬陷和株连的一切人员，都恢复名誉，一律平反。

---

① 《习仲勋文选》，第315页。

第十章

党的利益在第一位

习仲勋说：“一九四三年，毛主席亲笔在一幅约一尺长、五寸宽的漂白布上写了‘党的利益在第一位’八个大字，上款写‘赠给习仲勋同志’，下署‘毛泽东’。这个题词，我长期带在身边，成了鼓励我努力改造世界观的一面镜子。”

毛泽东给习仲勋的题词，既是表扬，也是鼓励，更成为习仲勋一生奋斗的指针。

三次教诲，三次升华

“党的利益在第一位”，体现在习仲勋和毛泽东的联系上。

毛泽东历来重视培养年轻干部，特别是对群众中涌现出来的地方干部赞赏有加。习仲勋年轻好学，善于创新，尤为毛泽东多次称赞。习仲勋称毛泽东“既是严师又是同志，悉心聆听，受益良多”。

从20世纪30年代到50年代，毛泽东和习仲勋直面谈话很多，在我和几个下面工作者看来，觉得其中三次至关重要。

1943年春天，习仲勋在任关中分委书记期间，扩大了地区面积，发展了生产，改善了人民生活，获得了社会稳定，干部团结，群众拥护，正准备再大干一场，突然接到要他去绥德新区任书记的调令。这个新区的面积比较大，人口众多，情况复杂，一些中央机关和干部住在那里。他开头还有点留旧情绪，但毛泽东善于做政治思想工作，便有针对性地鼓励他说：“一个人在一个地方呆久了，就没那么敏感了，到新的地方去也是锻炼嘛！”习仲勋听后豁然开朗，留旧情绪消除了，便精神焕发、兴高采烈地走上新战场。果然，他在新岗位上获得了政治上、能力上的更大提高。

1945年冬，中央为了适应抗战胜利后的新形势，决定调习仲勋到西北局机关工作。习仲勋从自己的经历和本身情况

时任西北局书记的习仲勋。

考虑，向毛泽东表示："我长期在地方上工作，没有领导机关工作的经验，恐怕难以胜任。"

毛泽东便立即抓住要害，言恳意切地鼓励说："正是因为你长期在下面，没有在上面，所以才调你到上面来工作。把你调动一下，放在新的岗位上，你就得动脑筋了，就得调查研究，想办法把工作做好。"①

毛泽东的话理正言顺、诚恳亲切，给习仲勋增加了力量和勇气。习仲勋到任后，全力协助彭德怀取得了西北战场的胜利，在广阔的五省进行了土改，创造性地解决西北民族问题。他本人在思想境界上、组织领导能力上有明显升华。他的战友马文瑞和贾拓夫说：习仲勋自到西北局以后，在政治上、在执行中央路线方针上，上了个大台阶。

1952年，中央决定撤销大局，加强中央机关的力量，毛泽东提议调习仲勋任中央宣传部部长。习仲勋觉得和自己的经历不相称，向中央提出意见。

一天晚上，我接到通知，要第二天早上8点半去西便门车站。

这天，天气晴朗，乍暖还寒。我到了车站，看见毛泽东率

---

① 《习仲勋文选》，第295页。

程潜、张治中、陈明仁等几位民主人士上了火车，习仲勋也在其中。他们原来是去南口视察詹天佑修建的盘山铁路。

詹天佑是中国近代著名铁路工程专家，留学回国后，一心扑到祖国的铁路建设上。当时凿穿山洞修路的办法还未盛行，他发明用推拉盘转的方法使火车可以翻山越岭，开创了我国在山区修建铁路的先河。毛泽东领他们视察铁路，还看了詹天佑的铜像和碑座上的介绍。毛泽东安排此行的用意：一是彰显共产党尊重科学，尊重科学人才；二是宣示中国将要大力进行经济建设，号召全国人民踊跃参加。

毛泽东在火车上给习仲勋讲了一件富有意义的事。从“杯弓蛇影”说起，他说：蛇，这东西奇形怪状，无脚无手，行迹无声，样子很可怕；但有人把它捉住后，先从观察它的结构，摸索它的特性，了解它的要求，慢慢找到了它的生活规律，就训练它，最终把它拿到手里玩，缠到脖子上耍，表演给人看，不但不可怕，而且很驯服。习仲勋悟性高而且聪敏，听了毛泽东的故事后，即说：主席，我懂，回去就上班。

这个故事一方面反映了毛泽东知人善用，善做政治思想工作，同时体现了习仲勋把党的利益放在第一位的崇高境界。

光明磊落，广泛团结党内外一切人士

进城以后，一些干部受了社会上的影响，误以为当了“官”了，就不必多接触群众，做群众工作了，特别是一些领导干部不乐意和党内外人士交朋友。习仲勋从党的利益出发，言正意切地提出，共产党员为了革命和党的利益，应当广交朋友，团结一切可以团结的人，为我们共同的目标奋斗。为此，明确提出了四项重要原则。

（一）要不拘一格积极和各方面人士建立平等、团结、友好关系。

（二）要谦虚谨慎，推心置腹，肝胆相照。

（三）要深交，做到“知人”、“知心”、“知音”。

（四）要交畏友、诤友。要有大海一样的胸怀和宽宏民主的风度，能虚心听取各种不同意见。[①]

他还身体力行，以身作则，带头交了很多朋友。西北局副书记马文瑞说，习仲勋身兼统战部长，亲自与许多民主人士交往，讲形势，谈工作，建立了个人间的友谊。据秘书说：

① 《习仲勋文选》，第427—428页。

七届二中全会期间习仲勋（右）与马明方交谈。

1951年4月22日，习仲勋（前左）率领西北军政代表热烈欢迎途经西安赴北京的班禅额尔德尼·确吉坚赞（前右）。

1952年7月，习仲勋受党中央委派，到新疆成功处理了乌斯满叛乱事件。图为习仲勋（中）在新疆与包尔汉（右）、赛福鼎·艾则孜（左）合影。

他的朋友遍天下，经常来看望他的，不仅有干部，还有工人、农民、士兵，退休人员，特别是民主人士。

例如：

习仲勋组织起义的部队司令胡景铎回忆起义的原因时说：“我赞赏他的忠厚和胆识，既是革命，不光坚持到底，而且敢想，敢干，敢负责，使人感到他是一位靠得住的朋友，愿意听他的。”[①]起义部队骑兵六师的副师长杨拯民说：每当我们给部队布置任务时，“团、营以上干部经常问我们‘这是习书记的指示吗？’当得到肯定的答复后，他们就坚决贯彻。”[②]显然，这支部队始终信赖着他。

习仲勋为了党的利益，尽力帮助人，人们都爱戴他。当年陕甘宁边区文化艺术界的人士都把他当“知心朋友”，有话要找他谈，有事要找他帮助。

诗人柯仲平创作反映陕甘革命运动的史诗，发现资料来源不足、取材不易的问题时；作家柳青创作长篇小说《种谷记》、《铜墙铁壁》、《创业史》，遇到了下乡与生活上的困难时；杜鹏程创作《保卫延安》后碰上出版上的难题时；剧作家马健翎在工作与创作之间发生了矛盾而苦恼时，都得

① 《习仲勋革命生涯》，第245页。

② 《习仲勋革命生涯》，第296页。

习仲勋（右一）与（自左至右）马文瑞、张邦英、张经武、李卓然（前）、贾拓夫、王维舟、林伯渠、贺龙、张德生（后）、杨明轩等合影。

到习仲勋及时的支持、帮助与鼓励。解决了他们在创作上生活上的困难，人们至今念念不忘，称赞不已。

习仲勋还有一种特别令人敬佩的崇高品德，在他的一生中，很多时间是和比他年龄大、经历多的同志一道工作，却受到他们的尊重和爱戴。

在陕甘边苏区时，刘志丹、谢子长、王泰吉、黄子文、黄子祥等同志都比他大10多岁到20岁，但习仲勋与他们亲如手足，患难与共，同创苏区。

习仲勋在绥德任地委书记时，地委委员中有设在当地的抗大分校领导徐向前、何长工、李井泉、甘泗淇和原委员朱辉照、梁明德、王尚荣等，都是战功累累、颇具声望的老同志，但大家都团结一致，互敬互让，携手并肩，巩固壮大了警备区。

习仲勋在西北局任书记时，委员中林伯渠、谢觉哉、贺龙、马明方、李卓然、赵伯平、张稼夫，年龄都比他大，德高勋重，但亲密无间、和衷共济，创造了抗日民主模范的陕甘宁边区。

在西北野战军中，彭德怀、王震、张宗逊、甘泗淇、王维舟、张经武，都比习仲勋年高望重，但他们都很器重他、尊重他、支持他。这很不容易，很值得我们学习。为什么习仲勋能够取得他们信任，因为他们都认为他“思想境界高，实

1949年2月1日，陕甘宁晋绥联防军区改称西北军区，贺龙任司令员，习仲勋任政治委员。图为习仲勋（右）与贺龙在一起。

1949年秋，贺龙、刘伯承、邓小平、陈毅、习仲勋、王维舟（自左至右）在北京颐和园合影。

1950年，习仲勋在西北局期间。

事求是，谦虚谨慎”。习仲勋则向他们学习了丰富的经验和高尚的品德。

原则问题，毫不含糊

习仲勋平时对人和蔼，平易近人，像王世泰说的“温文尔雅”，但是碰到原则问题时，十分严肃。我遇到过三件事，令人难忘。

（一）1945年秋，在西北党史座谈会上，有人谈到中央红军到达陕北时，精疲力竭，衣单被薄，陕北人民给发了皮袄，送去粮食，“不是中央红军救了陕北，而是陕北救了中央红军。”习仲勋严正指出：“这句话应该倒过来：中央救了陕北。”他列举了毛泽东和党中央长征尚未到达陕北前，陕北根据地“外受国民党军队重兵‘围剿’；内遭‘左’倾路线的危害，许多优秀的党员、干部、知识分子和下级军事指挥员被枪杀、被活埋。毛主席不到陕北，陕北根据地就完了”[①]。

（二）1950年10月，彭德怀赴朝鲜参战，经略大西北的

① 《毛泽东评赞习仲勋》，《炎黄春秋》1999年第11期，第20页。

重任就历史性地落在了习仲勋的肩上。习仲勋不仅担任西北局第二书记，还是西北军区政委，西北军政委员会主任，而且中共中央西北局和西北军政委员会所管辖的范围，东起黄河，西至帕米尔高原，北起阿尔泰山，南至唐古拉山，其面积接近共和国面积的三分之一。有人因此称，习仲勋是“西北王”，习仲勋听后，疾言厉色斥之：“胡说！共产党是人民当家作主。”[①]

（三）1993年，全国人大和广东省委在深圳给习仲勋祝寿，席间，陕西的一个同志说：“习老是我们陕西人民的伟大领袖。”尽管习那时因病休养，但立即高声驳斥：“不对！我是全国人民的公仆！”然后从道理上作了解释。参加会议的人都为习仲勋重视原则问题的精神，深为感动，深受教育。

据和习仲勋一起在“肃反”中被关押的黄罗斌回忆，从狱中释放的那天晚上，七八个人睡在一个大炕上，兴奋得睡不着，互相开着玩笑，学着被关押时的情景，喊着“报告，我要翻身”。刘志丹劝大家“不要开玩笑了，咱们的问题中央已经解决”。

① 《怀念习仲勋》，第514页。

习仲勋义正词严地说："志丹同志说得对，我们快要分配工作了，不可轻率任性，到了工作岗位，要用实际行动来表达我们对党对人民对革命事业的忠诚。"于是，大家都一下心明眼亮，专心致志，严肃认真地去考虑今后如何奋斗。

处险不惊，临危不惧

处险不惊，临危不惧是习仲勋在长期革命中形成的可贵精神品质。当时在干部中流传着这样一个动人的故事。

陕北党内"肃反"，搞得人心惶惶，地方干部和群众听到省委来人了，吓得都跑了，有的上山打游击，部队里干部战士也纷纷开小差，逃跑回家，各处谣言四起，人心不安，陕北苏区濒临危难之中。

一天，习仲勋在狱中看到窗口外面挂着一件中山装，领口上斑斑血迹，他知道这是西安地下党姜某某的衣服，便想到姜已被杀害，很快就轮到自己了，便从容不迫拿出一支钢笔和一块银元，交给身边的赵守一，说："你还年轻，将来有机会把这个交给党，作为纪念。我习仲勋是清白的，全心全意为人民的利益的。"赵守一当时还未入党，刚进苏区，

习仲勋（前排左六）与赴朝鲜的中国人民慰问团西北团全体代表合影。

即被怀疑是“特务”，扣押狱中。习仲勋对党的忠诚，使他念念不忘。

这段习仲勋直面生死的佳话，一直为人们传颂着。

通过几十年的接触交往，我深深感到习仲勋这位无产阶级革命家拥有伟岸形象，高尚的思想境界，崇高的品格风范。诚如毛泽东给他的题字所言，他是始终坚守“党的利益在第一位”的楷模。“党的利益在第一位”，实际上是对习仲勋光辉一生的总结，也是党和人民对这位革命家切合实际的最崇高褒奖。

仲勋同志虽然离开了我们，但是他一生中所表现出来的胸怀大志，对党忠诚，实事求是，谦虚谨慎，全心全意为人民服务的革命精神和优良作风，将永远激励我们在建设中国特色社会主义伟大事业中努力继承，发扬光大。

后　记

作为习仲勋同志的老部下，我曾经亲历和见证了习仲勋同志在西北战斗、工作的一些往事。对于习仲勋同志的革命历程和精神品质，我充满景仰和敬佩。因此，尽管能力水平有限，我还是尽我所能，记述了习仲勋同志在西北战斗、工作的故事。

本书在写作过程中，得到了许多熟悉习仲勋同志的老同志、老战友的鼓励和关心。许多同志向我提供资料，帮助我核实史料。中央组织部领导同志和中央党史研究室领导同志也对本书的写作和出版，给予了诸多帮助和支持。期间，山西张仁健同志、陕西容全堂同志、中央组织部胡军勇同志，还参加了几次关于写作本书的座谈会。西北地区的乡亲们，还常常询问本书写作进展，盼望着这本书的出版。

本书初版以来，受到各地读者的欢迎，我深受鼓舞。根据各方面的反映，我又做了一次校订，补充了一些史料，修订重印。

在此，我向所有关心、帮助、支持本书写作和出版的同志和朋友，表示衷心的感谢。

何载

2013年9月6日